Lektüreschlüssel für Schüler

Joseph von Eichendorff
Aus dem Leben eines Taugenichts

Von Theodor Pelster

Philipp Reclam jun. Stuttgart

Universal-Bibliothek Nr. 15306

Gesamtherstellung: Reclam, Ditzingen
Printed in Germany 2001

ISBN 3-15-015306-9

www.reclam.de

Inhalt

1. Erstinformation zum Werk

Der »Taugenichts« und die Frage nach dem Glück. In die Welt zu ziehen, um dort »sein Glück zu machen«, ist nicht nur ein Motiv von Märchenhelden, sondern ein ursprüngliches Bedürfnis des Menschen – vor allem des jungen Menschen. Das mag der Grund dafür sein, dass die Geschichte vom »Taugenichts« über Jahrzehnte hinweg, unbeeinflusst vom Wandel der Zeit, eine bevorzugte Stellung in den privaten und in den schulischen Lektürelisten einnahm, hat die Novelle doch »eine entfernte Verwandtschaft mit dem des Märchens von *Hans im Glück.*«[1]

Die Frage nach dem Glück

Die Frage nach dem Glück scheint von so grundsätzlicher Bedeutung für den Menschen zu sein, dass sie immer wieder und in immer neuen Zusammenhängen gestellt wird. Antworten liegen vor in lebenspraktischen Handreichungen, in religiösen, in philosophischen, in literarischen Texten. Endgültiges ist von keiner dieser Abhandlungen zu erwarten. Schon das Wort »Glück«, das sich verhältnismäßig spät in der deutschen Sprache entwickelt hat, entzieht sich einer genauen inhaltlichen Bestimmung. Ob es eine direkte Beziehung zwischen »Glück haben« und »glücklich sein« gibt, ist eine oft diskutierte Frage.

Hinter den verschiedenen Konzeptionen von Glück steht die viel grundsätzlichere Frage, ob der Mensch nicht grundsätzlich Mächten ausgeliefert ist, auf die er keinen Einfluss hat, die vielmehr umgekehrt in sein Leben eingreifen. Er nennt sie abwechselnd Zufall, Schicksal, Fügung – oder auch Glück und Pech und sieht in diesen Erscheinungen

Glück und Schicksal

Auswirkungen außerirdischer Instanzen, göttlicher, teuflischer oder gänzlich undurchschaubarer Kräfte.

Einige Grundeinstellungen hat man zu klassifizieren versucht. So nennt man jemanden, der der Ansicht ist, dass »Leben und Welt vom Schlechten und Bösen beherrscht werden«[2], einen Pessimisten; als Optimist gilt der, der auch in widrigen Lagen zuversichtlich bleibt und alles, was geschieht, von der besten Seite sieht. Er ist wie der große Philosoph Leibniz (1646–1716) der Ansicht, dass die Welt, die uns gegeben ist, »die beste aller möglichen«[3] sei und dass der Mensch in dieser Welt glücklich werden könne.

Das Modell

Ist das eine Ideologie, eine Utopie, eine Illusion? Die Novelle *Aus dem Leben eines Taugenichts* ist ein Gedankenentwurf. Modellartig wird vorgeführt, wie und wo ein junger Mensch das Glück sucht – und findet. Selbst wenn man die Darlegungen als unrealistisch, als typisch romantisch einstuft und wenn man das Ganze für eine Idylle hält, so lohnt die Auseinandersetzung. Sie hat unter anderem zum Ziel, die eigene Grundeinstellung zu prüfen: Wie wird man zum Optimisten, wie zum Pessimisten? Welche Gründe gibt es für das eine und das andere, welche Erfahrungen? Ist »glücklich sein« ein möglicher, ein erstrebenswerter, ein erreichbarer Zustand? Oder ist die Geschichte vom Glück tatsächlich nur ein romantisches Märchen?

2. Inhalt

Der Ich-Erzähler, ein junger Mann, der eines Morgens von seinem Vater als ein »Taugenichts« ausgeschimpft wurde und daraufhin beschloss, »in die Welt [zu] gehen« (5), berichtet im Rückblick, wie es ihm dort ergangen ist.

1. Kapitel

Der Aufbruch

Kaum hat der Taugenichts das Dorf und seines Vaters Mühle verlassen, da hält ein vornehmer Reisewagen neben ihm und zwei schöne Damen bieten dem singenden und Geige spielenden Wandersmann an, ihn eine Strecke mitzunehmen. Er springt hinten auf den Wagen, betrachtet eine Zeit lang die Landschaft, schläft ein und befindet sich in der Einfahrt eines schönen Schlosses in der Nähe von Wien, als er wach wird.

Ein »großer Herr in Staatskleidern« (7) lässt im Auftrag der gnädigen »Herrschaft« fragen, ob der eben Angekommene im Schloss als Gärtnerbursche dienen wolle. Ohne lange zu überlegen, nimmt dieser die Stelle an und resümiert aus dem Abstand des Erzählers: »Überhaupt weiß ich eigentlich gar nicht recht, wie doch alles gekommen war, ich sagte nur immerfort zu allem: Ja« (8).

Zu der Zeit, da die Handlung spielt, kann er noch nicht ahnen, dass die zufällige Bekanntschaft mit den beiden Damen im Reisewagen über seinen ganzen weiteren Lebensweg entscheidet. Spontan hat er sich nämlich in die eine Dame, die »besonders schön und jünger als die andere« (6) ist, verliebt. Er hält sie für adlig und unerreichbar. Er wird ihr singen und sie verehren und erst am Schluss erfahren, dass sie keineswegs eine Abstand gebietende adlige Herrschaft, sondern die verwaiste Nichte des Portiers ist, die im Schloss erzogen wurde und dem »Taugenichts« von Anfang an zugeneigt ist, so dass nach vielen Verwirrungen nichts gegen eine Trauung und ein glückliches Ende spricht. Die ältere der beiden Damen ist dagegen tatsächlich die Gräfin des Schlosses, die sowohl die Schloss- wie auch die Familienangelegenheiten zu lenken hat. Diese Haus-, Hof- und Familiengeschichten, die der Taugenichts gar nicht und der Leser nur schwer durchschaut, bilden den Hintergrund der erzählten Geschichte.

Die »liebe schöne Frau«

Aus der Ferne also verehrt der Gärtnerbursche »die liebe schöne Frau«, singt ihr Lieder und hofft, sie ab und zu am Fenster zu sehen. Als die Hofgesellschaft an einem Sonntag einen Spaziergang durch den Schlossgarten macht und sich vom Gärtnerburschen über den Teich rudern lässt, ist »die schöne Frau« dabei, hält »die Augen niedergeschlagen [...] und sagte gar nichts« (14). Der Taugenichts deutet dies als gewollte Distanzierung und empfindet tiefen Liebesschmerz.

2. Kapitel

Offensichtlich hat der Taugenichts die Gunst der Herrschaft erworben; denn als der Zolleinnehmer des Landguts stirbt,

Auf dem Schloss

wird er dessen Nachfolger. Das Amt lässt ihm Zeit genug, einen Blumengarten anzulegen und jeden Tag einen Strauß für die Verehrte zu binden, der eine Zeit lang heimlich abgeholt wird, dann aber liegen bleibt. Als ihm eines Tages die Kammerjungfer den Auftrag übermittelt, für »die gnädige Frau« anlässlich eines Maskenballs Blumen bereitzustellen, ist er »verblüfft vor Freude« (20), weiß er doch nicht, dass der Auftrag von der Gräfin und keineswegs von seiner Angebeteten kommt. Diese sieht er später neben dem jungen Schlossherrn auf dem Balkon, wo man die beiden hochleben lässt. Der Taugenichts kann wiederum nicht wissen, dass »die schöne junge [...] Frau« (24) Geburtstag hat und deshalb beglückwünscht wird, dass sie aber in keinerlei Beziehung zu dem Herrn an ihrer Seite steht. Grenzenlos enttäuscht holt der Taugenichts die Geige von der Wand und zieht »gen Italien hinunter« (27). Dabei ist er »traurig und doch auch wieder so überaus fröhlich, wie ein Vogel, der aus seinem Käfig ausreißt« (26); er singt die vierte Strophe jenes Lieds, das er sang, als er von zu Hause fortging, wo es heißt: »Den lieben Gott lass ich nur walten« (26).

3. Kapitel

Nach Italien

Da er des Wegs nicht sicher ist, versucht er sich durchzufragen. Dabei trifft er auf unwirsche Bauern, aber auch auf freundliche Mädchen. Als er in einem Dorf zum Tanz aufspielt, merkt er, dass man ihn gern dort behalten möchte. Ehe er jedoch eine eigene Entscheidung fällen kann, wird er von zwei Reitern entführt, die ihn für ortskundig halten und zwingen wollen, ihnen den »Weg nach B.« (35f.) zu zeigen. Unterwegs erkennen die beiden Reiter, dass der Überwältigte der »Einnehmer vom Schloss« (37) ist; der Taugenichts seinerseits merkt nicht, dass er in eine Entführungsgeschichte verwickelt wird, in der seine Herrschaft die Fäden zieht; er durchschaut nicht einmal, dass der angebliche »Maler Leonhard« kein Maler und der »Maler Guido« nicht einmal ein Mann ist (38). Eher zufällig treffen sie auf das Dorf B.

4. Kapitel

Eine neue Rolle

In B. steht für sie »ein prächtiger Wagen mit vier Postpferden« (40) bereit. Der Taugenichts wird veranlasst, seine angeblich ausgewachsenen Kleider gegen eine vornehme Montur zu wechseln und zu dritt geht es »frisch nach Italien hinein« (40). Während eines Aufenthalts in einem Rasthaus ziehen sich die »Maler« zurück, um Briefe zu schreiben; der Taugenichts streift nach dem Abendessen noch draußen herum, bemerkt zwar »eine lange dunkle Gestalt« (43), denkt sich aber nicht viel dabei, und schläft draußen auf einer Bank vor dem Wirtshaus ein. Als er bei Tagesdämmerung wach wird, muss er feststellen, dass die beiden »Maler« verschwunden sind. Sie haben ihm jedoch einen vollen Geldbeutel und den Postwagen zurückgelassen, so dass die Fahrt »in die weite Welt hinein« (45) fortgesetzt werden kann.

5. Kapitel

Erneut auf einem Schloss

Der Weg ist offensichtlich festgelegt. Er führt durch unwirtliches Gebiet; der Kutscher ist unruhig und fühlt sich verfolgt. Endlich ist das Ziel, »ein großes altes Schloss« (47), erreicht, in dem der Taugenichts herrschaftlich empfangen wird. Es gefällt ihm alles »recht wohl« (59); er merkt allerdings nicht, dass er in eine falsche Rolle gewiesen wurde. Im Schloss hat man eine als Mann verkleidete junge Dame erwartet, aber nicht ihn, den Taugenichts.

6. Kapitel

Das Schloss, so erfährt er, gehört »einem reichen Grafen« (53). Das angenehme Leben beginnt schon langweilig zu werden, als ihm eines Tages ein Brief ausgehändigt wird, der vom Postillon überbracht wurde und mit »Aurelie« (55) unterzeichnet ist. Darin steht, dass »alles wieder gut« sei und zu Hause alles öde, »seit Sie von uns fort sind« (55). Für den Taugenichts ist klar, dass der Brief an ihn gerichtet und von der »schönen jungen Frau« geschrieben ist. Überglücklich will er sich sofort auf den Weg machen. Tatsächlich ist der Brief aber für die gräfliche Tochter, die man als Maler Guido verkleidet im Schloss glaubt. Dieser scheinen die Verfolger auf die Spur gekommen zu sein. Nur mit Mühe kann sich der Taugenichts, der von allen – von den Verfolgern und von den Beschützern – für die flüchtige gräfliche Tochter Flora gehalten wird, aus dem verschlossenen Zimmer und aus der versperrten Schlossanlage nach draußen retten, um das Weite zu suchen. Auch der Student, der ihm bei der Flucht hilft, täuscht sich, als er dem Taugenichts ein Liebesgeständnis macht, da er ihn für eine verkleidete Frau hält. Draußen merkt der Taugenichts, dass man vom Schloss aus die Verfolgung aufnimmt; er flieht und läuft »in das Tal und in die Nacht hinaus« (60).

Verwechslungen

7. Kapitel

In Rom

Bald darauf kommt er durch »eine große, einsame Heide« (61) und erreicht etwas später Rom. Er hat kaum das Stadttor passiert, da hört er in einem Garten eine Gitarre spielen und eine Stimme jenes »welsche Liedchen« (62) singen, das »die schöne gnädige Frau« so oft zu Hause sang. Er übersteigt die Gartenmauer, doch die Sängerin entflieht unerkannt; der Taugenichts entschließt sich zu warten, schläft dann aber auf der »Schwelle vor der Haustür« (63) ein und trifft am nächsten Morgen auf einen Landsmann, einen Maler, der ihn zunächst mit sich nach Hause nimmt und dann bestätigt, dass sich »eine Gräfin aus Deutschland« hier in Rom nach zwei »Malern und nach einem jungen Musikanten mit der Geige« (67) erkundigt habe. Sofort glaubt der Taugenichts, dass er selbst der gesuchte Musikant sei und dass seine geliebte und verehrte Frau in unmittelbarer Nähe sein müsse.

8. Kapitel

»Wie verzaubert« (68) läuft der Taugenichts orientierungslos durch Rom und ist erfreut, als er den malenden Landsmann zufällig wieder trifft, der ihn zu einem Spaziergang vor die Stadt einlädt. Sie hören einer Abendmusik zu, die bald von einem streitenden Paar gestört wird. Hoch erstaunt ist der Taugenichts, als er in dem streitsüchtigen Mädchen die Kammerjungfer seiner Herrschaft erkennt, die ihm ganz schnell einen Zettel zusteckt, er möge »um Elf Uhr an der kleinen Tür« sein; »die schöne junge Gräfin« (74) erwarte ihn. Als er etwas zu früh an der bezeichneten

Gartenpforte ist, spielt ihm die Phantasie wieder einen Streich: Er hält die mit einem Mantel bekleidete Kammerjungfer für einen Mörder und löst einen Tumult aus. Die schöne Gräfin, zu der er geladen ist, stellt sich als »eine etwas große korpulente, mächtige Dame« (79) dar, die an einem Liebesabenteuer interessiert ist und deshalb den Zettel schickte. Und diejenigen, die er sucht – so erfährt er – sind schon lange wieder in Deutschland. Sofort beschließt er, »dem falschen Italien […] den Rücken zu kehren« (80).

Verzicht auf Liebesabenteuer

9. Kapitel

Auf dem Heimweg, an der Grenze zu Österreich, trifft er mit Prager Studenten zusammen, die ebenfalls nach Wien, genauer zu dem Schloss bei Wien wollen, wo ihnen der Portier, der Vetter eines dieser Studenten, Unterkunft besorgen soll. Auf der gemeinsamen Schiffsfahrt die Donau hinunter kommen sie zunächst mit einem jungen Mädchen ins Gespräch, das auf nämlichem Schloss eine Stelle antreten will, und dann mit einem Geistlichen, der weiß, dass es auf dem Schloss »bald eine große Hochzeit geben« (88) werde. Sofort wird der Taugenichts hellhörig und sieht sich in der Rolle des lange erwarteten Bräutigams. Doch auch hier scheint wieder eine »Konfusion« (89) bevorzustehen, da die Informationen, die die künftige Schlossangestellte hat, nicht mit denen des Geistlichen übereinstimmen, und da bei diesem nicht zu erkennen ist, was er gesichert weiß und was nicht. Zunächst ist der Taugenichts jedoch froh, von fern das Zollhäuschen und das Schloss zu sehen.

Zurück nach Österreich

10. Kapitel

Auflösung der Verwicklungen

Endlich lösen sich alle Konfusionen auf. Kaum ist der Taugenichts an seinem Zollhaus vorbei, da hört er vom Garten her eine Stimme ein wohlbekanntes Lied singen. Er erkennt sofort: »Das ist der Herr Guido« (93); wenig später tritt ihm Herr Leonhard, nun in feiner Jägerkleidung, entgegen. Am Teich sitzt »die schöne gnädige Frau« (93) und neben ihr »eine andre junge Dame« (94). Der zunächst verwirrte und geneckte Taugenichts erfährt, dass die »junge Dame« (95) »Fräulein Flora« (97) ist, die gräfliche Tochter, die sich als »Herr Guido« ausgab, um ihre Verfolger zu täuschen. Der angebliche Herr Leonhard ist in Wirklichkeit der reiche Graf aus der Nachbarschaft, der Fräulein Flora aus der Pensionsanstalt nach Italien entführte, sich dann mit der Gräfin-Mutter versöhnte und nun die Gräfin-Tochter heiraten möchte. Bei all dem hat »die schöne gnädige Frau« mitgewirkt, die in Wirklichkeit die verwaiste Nichte des Portiers Aurelie, ist. Jetzt aber, da alle Verwirrungen beseitigt sind, steht der gegenseitigen Liebe und der Hochzeit des Taugenichts mit seiner angehimmelten Aurelie nichts mehr im Weg: Der Graf hat den beiden bereits ein »Schlösschen [...] samt dem Garten und den Weinbergen« (100) geschenkt. Resümee: »es war alles, alles gut!« (101).

3. Personen

Die Hauptpersonen

Da die Novelle als Ich-Erzählung dargeboten wird und schon im Titel ankündigt, dass sie Teil einer Lebensgeschichte ist, darf man in dem ebenfalls schon im Titel genannten **Taugenichts** von vornherein **die Hauptperson** der ganzen Geschichte vermuten. Dagegen erkennt man erst im Laufe der Lektüre, dass von den beiden Damen, die ihn in ihrem Reisewagen mitnehmen, jene, die »besonders schön und jünger als die andere« (6) war, die zweite Hauptperson ist, deren wahre Identität erst auf der letzten Seite deutlich gemacht wird.

Der Erzähler und Titelheld

Der Titelheld bleibt namenlos und wird nach einem Schimpfwort benannt, mit dem der Vater seinen Sohn anredet, ehe er ihn aus dem Haus wirft. Der Sohn lehnt sich in keiner Weise auf und leitet aus der Charakterisierung als Taugenichts lediglich den Entschluss ab: »[…] so will ich in die Welt gehen und mein Glück machen« (5). Auf diese Weise wird er das Schimpfwort »Taugenichts« mit neuem Inhalt füllen. Er taugt auf andere Weise, als es der Vater erwartet.

Als Sohn eines hart arbeitenden Müllers und als Halbwaise – die Mutter ist früh verstorben (35) – gehört er nicht zu den materiell und sozial Bevorzugten dieser Welt. Dagegen ist sein Gemüt so ausgestattet, dass er voller Optimismus in die Zukunft blicken kann. Das Lied, das er zu Anfang seiner Wanderschaft singt und das später, aus dem Zusammenhang der Novelle gelöst, zu einer

»Wem Gott will rechte Gunst erweisen«

Art Volkslied wurde, fasst seine Welt- und Lebensanschauung zusammen: Gott als der Schöpfer aller Dinge will »Wald und Feld / Und Erd' und Himmel« erhalten (6, 26); er wird deshalb auch ihn, den gläubigen Menschen, beschützen. Er, der Wanderer, ist offen, die »Wunder« der Schöpfung wahrzunehmen, und sieht es als »Gunst« des Himmels an, »in die weite Welt« (6) reisen zu dürfen, anstatt zu Hause den Mühen des Alltags ausgesetzt zu sein. Draußen, auf dem freien Feld ist ihm »wie ein ewiger Sonntag im Gemüte« (5).

Voll Gottvertrauen, aber ohne festes Ziel und ohne genauen Plan zieht er los. Man darf das naiv nennen, wenn man den ursprünglichen Wortsinn des aus dem Französischen übernommenen und auf das lateinische *nativus*, ›angeboren‹ zurückgehenden Lehnworts meint, nämlich ›natürlich, [...] ungezwungen, kindlich, unbefangen‹.[4] Ob diese Naivität Ursache für sein Gottvertrauen oder Folge von diesem ist, mag dahingestellt sein. Auf alle Fälle ist sie Fundament für seinen Optimismus, der ihn auch in schwierigen Lagen nie ganz verlässt.

So dürfte er als Fügung ansehen, was andere als Zufall erklären würden. Überall trifft er Leute, die ihm zugetan sind, die ihm weiterhelfen, die ihn auf den richtigen Weg bringen. Auf der Straße, kurz hinter seinem Dorf wird er in die Kutsche eingeladen und dann bis vor das Schloss gefahren, wo er, ohne dass er sich bewerben müsste, zuerst Gärtnerbursche, dann Zolleinnehmer wird. Die Beschäftigung ist angenehm und lässt ihm viel Freizeit und -raum. Niemand nimmt ihm später übel, dass er die Stelle ohne Beurlaubung oder Kündigung verlässt. Als ob nichts gewesen wäre, wird er bei seiner Rückkehr nach einer langen Reise auf dem Schloss wieder willkommen geheißen. Nach Italien macht er sich auf, obwohl er »eigentlich den rechten Weg nicht wusste« (27). Trotzdem kommt er gut nach Rom und von dort wieder zurück nach Österreich.

Seit der ersten Begegnung ist »die eine junge schöne Dame« (9), die im Reisewagen saß, Hauptmotiv seines Denkens und Handelns. Ihr singt er Lieder und pflückt er Blumen. Wie ein idealer, nur in der höfischen Literatur des Mittelalters auftretender Minnesänger bemüht er sich um die Dame seines Herzens, ohne mehr zu erwarten als einen frohen, vielleicht dankbaren Blick. Bleibt der jedoch aus, so ist das Grund zu trauern und zu weinen (14). Wird die Unerreichbarkeit der schönen Dame allzu sehr bewusst, so hilft nichts als Flucht – »gen Italien hinunter« (27). Aber auch dort glaubt er »die Stimme der schönen gnädigen Frau« (62) zu vernehmen, sobald er eine weibliche Stimme singen hört. Seine Wünsche und Erwartungen lenken seine Gedanken so, dass alles, was geschieht, als Zeichen eines künftigen Glücks angesehen wird. So wird er im doppelten Sinn zum Lebenskünstler. Nicht Pflicht und Arbeit bestimmen sein Leben, sondern Phantasie, Freiheit und Kunst. Sein wichtigstes Attribut ist die Geige, die er streicht, um »fleißig Gott [zu] loben« (51), aber auch um den Leuten zum Tanz aufzuspielen. Jeglichen Lohn verschmäht er. Er weist wie der »Sänger« in Goethes gleichnamiger Ballade »ein kleines Silberstück«, verächtlich als »Pfennige« bezeichnet, zurück, obwohl er »dazumal kein Geld in der Tasche hatte«, nimmt dagegen eine »Stampe Wein« gern an (32). So folgt er seinem Vorbild:

Lebenskünstler

Ich singe, wie der Vogel singt,
Der in den Zweigen wohnet;
Das Lied, das aus der Kehle dringt,
Ist Lohn, der reichlich lohnet.

Doch darf ich bitten, bitt ich eins:
Laß mir den besten Becher Weins
In purem Golde reichen.[5]

Auch dieser Sänger ließ sich nicht mit den Maßstäben der Arbeits- und Erwerbswelt messen. Die Tüchtigkeit der Künstler, so lautet die These, ist anderer Art als die der Bauern, Arbeiter und Beamten. Folgerichtig muss daher die Bezeichnung »Taugenichts« für einen Vertreter dieses Standes und dieser Lebenskonzeption als völlig unangemessen zurückgewiesen werden. Nur voller Ironie übernimmt der selbstbewusste Künstler das Wort zur Selbstcharakterisierung und erwartet von jedem Verständigen, dass er in Gedanken ein »angeblich« davorsetzt.

Eine gewisse Verwandtschaft erkennt der Ich-Erzähler zwischen sich und den »Prager Studenten« (83), die – wie er – »in dem großen Bilderbuche« studieren, »das der liebe Gott uns draußen aufgeschlagen hat« (84). Auch sie ziehen musizierend durch die Welt und warten von Tag zu Tag, dass ihnen »ein besonderes Glück« (84) begegne. Doch ist ihnen das Studentenleben nur ein Zwischenstadium – »eine große Vakanz [...] zwischen der engen düstern Schule und der ernsten Amtsarbeit« (90). Für den Taugenichts ist Student-Sein eine Lebenskonzeption, die nicht an äußere Bedingungen geknüpft, vielmehr eine Sache der inneren Einstellung ist.

Student-Sein

Allerdings muss derjenige, der nach dieser Konzeption lebt, durchaus Entbehrungen auf sich nehmen. Auch das Leben des Taugenichts ist nicht durchgehend »wie ein ewiger Sonntag« (5). Er erlebt Tiefpunkte, fühlt sich einsam und hat zwischendurch das Empfinden, »als wäre ich überall eben zu spät gekommen, als hätte die ganze Welt gar nicht auf mich gerechnet« (22). In solchen Augenblicken droht die Gefahr, dass auch er zu einem jener »Trägen« wird, »die zu Hause liegen« und nur »vom Kinderwiegen / Von Sorgen, Last und Not und Brot« (6) wissen.

Wenn er dann am Ende seine geliebte schöne Dame findet und heiratet, so weiß man nicht, wie sein Leben weitergehen wird. Wird er sich die Jugendlichkeit, die Offenheit für die Wunder der Welt und den Optimismus bewahren können oder wird auch er zum Philister?

Aurelie – die »liebe schöne Frau«

Die **zweite Hauptperson** ist jene »liebe schöne gnädige Frau« (23), die zusammen mit einer älteren vornehmen Dame zu dem Adelssitz in der Nähe von Wien reist und zunächst Bedenken hat, den Taugenichts mitreisen zu lassen. Sie ist häufige Begleiterin der Gräfin. Mit ihr zusammen besucht sie Flora, die Tochter der Gräfin, in der Pension; später reist sie mit der Gräfin nach Rom und wieder zurück. Sie ist offensichtlich in der Hofgesellschaft geschätzt, nimmt an Ausflügen teil und wird an ihrem Geburtstag geehrt. Im strengen Sinne gehört sie jedoch nicht zur Adelsgesellschaft.

Ihr Name ist **Aurelie**; sie ist »arme Waise«, wurde von ihrem Onkel, der im Schloss als Portier angestellt ist, schon »als kleines Kind« (100) aufgenommen und ist mit den gräflichen Kindern aufgewachsen. Wie im Märchen heiratet sie am Ende den einstigen Gärtnerburschen, den Taugenichts, für den sie etwas übrig hat, seit er bei ihrer Herrschaft angestellt worden ist. Beiden, Aurelie und dem Taugenichts, wird »das weiße Schlösschen, das da drüben im Mondschein glänzt, […] samt dem Garten und den Weinbergen« (100) geschenkt. Für beide bedeutet das sozialen Aufstieg, aber auch Einbindung in die Gesellschaft und – märchenhaften Schluss einer verwickelten Liebesgeschichte.

Zugleich zerplatzt aber die Illusion des Taugenichts: Er hatte in seiner Angebeteten eine Gräfin und mehr gesehen. Sie war für ihn »die schöne Frau« und »die allerschönste Dame« (10). Sie verehrte er, wie nur je ein Minnesänger seine »edle frouwe« verehrt hat. Sie erschien ihm »wie ein Engelsbild« (9), sogar »wie ein Engel«, als sie, »eine Lilie in der Hand« (12), über die klaren Wasser des Teichs gerudert wurde. In die Vorstellung von der schönen gnädigen Frau gehen Elemente des höfischen Minnewesens ebenso ein wie solche der katholischen Marienverehrung. Jene Frau, die er kaum kennt, die er, wie sich später herausstellt, zumindest in ihrem gesellschaftlichen Stand verkennt, ist für ihn ein Ideal, in dem er den Gipfel der Schönheit und Vollkommenheit sieht. Sie ist in seiner Vorstellung hoch erhaben, nämlich adlig von Gottes Gnaden. Als gnädig erweist sie sich, wenn sie sich wohlwollend dem ihre Gunst Suchenden entgegenbeugt. In mittelalterlicher höfischer Dichtung ist diese Vorstellung vorgeprägt:

»Wenn ich die Wahrheit sagen soll, so hat es, nächst der Majestät Gottes, niemals etwas so Begnadetes gegeben wie die Frau und ihre Art. Diesen Ruhm hat Gott ihr verliehen, daß man sie als den höchsten Wert auf Erden ansehen und immer preisen soll.«[6]

Doch das Bild von der schönen gnädigen Frau erweist sich, wie gesagt, als Illusion. Dies ist jedoch nichts weniger als eine Enttäuschung, ist dem Taugenichts doch, »als wenn mir ein Stein vom Herzen fiele« (100). Nur so kann komplikationslos Hochzeit gefeiert werden; erst jetzt »war alles, alles gut« (101).

Die männlichen Nebenfiguren

Auf seinem Weg durch die Welt – immerhin von Österreich durch Italien bis Rom und zurück – begegnet der Taugenichts vielen Menschen; doch haben sie – außer Aurelie – kaum Einfluss auf sein Tun und Lassen; oft verkennt er sogar ihre Funktion und wahre Identität. **Der Müller,** des Taugenichts Vater, bildet über den normalen Vater-Sohn- und Generationenkonflikt hinaus durch seine anders geartete Lebenskonzeption einen Gegensatz zur Titelfigur. Mit seiner »Schlafmütze [...] auf dem Kopf« (5) und der Schimpfrede am frühen Morgen ist er das Beispiel »eines Musterphilisters«[7], wie ihn Clemens Brentano dargestellt hat und wie ihn die Romantiker verachten.

Die Philister

Einer weiteren Ausprägung dieses Typs begegnet der Taugenichts auf dem Schloss: Hier ist es der **Portier,** der sich nach Philisterart seine »Pfeife« ausklopft und verächtlich von den Freuden der Jagd spricht. Taugenichts findet »sein Tabaksschnupfen, die große Nase und alles abscheulich« (17). Er spürt allerdings, dass er Gefahr läuft, selbst in dieses Fahrwasser zu geraten; denn kurz vorher hat er berichtet, dass er »Schlafrock und Schlafmütze« von seinem Vorgänger übernommen hatte und »Tabak aus dem längsten Rohre« (15) rauche, das er im Zollhaus gefunden hatte.

Auch der **Nachfolger im Amt** – »ein alter, langer Einnehmer« – ist von der gleichen Art wie der vorherige: Er trägt den »punktierten Schlafrock« weiter auf, hat gewöhnlich eine »Brille« auf der Nase und sieht »grimmig« drein (92).

Einem **Bauern,** der seinem Vater, dem Müller, gleicht, begegnet der Taugenichts auf dem Weg nach Italien. Er fällt zunächst durch Unfreundlichkeit auf (28); später aber schimpft er, dass der Taugenichts »das schöne Gras« zertrampele, »anstatt in die Kirche zu gehen« und nennt ihn einen »Faulenzer« (29).

Die Studenten

Ein Gegenbild zu diesen Philistern bilden die **»Prager Studenten«** (86), die in den Semesterferien auf gut Glück mit ihren Instrumenten durch die Welt ziehen, statt »ihre Kompendien [zu] repetieren« (84).

Auch »der geistliche Herr« (88) erinnert sich gern an die Studentenzeit, die insgesamt »eigentlich [...] eine große Vakanz« sei. Auch er sei »über Berge und Täler gezogen«, sei »oft hungrig und durstig, aber immer fröhlich gewesen« (90).

Künstler verschiedener Art

In der Lebensart kommen die **Künstler** den Studenten am nächsten. Als sich der junge Taugenichts seinem Landsmann in Rom etwas genauer vorstellt und erklärt, dass er herumreise, »um die Welt zu sehen«, sagt dieser: »da haben wir ja ein Metier. Das tu ich eben auch, um die Welt zu sehen, und hinterdrein abzumalen« (64). Schnell entsteht eine freundschaftliche Beziehung.

Komplizierter ist das Verhältnis zu Herrn **Eckbrecht,** einem weiteren Maler in Rom. Die Klassifizierung als »vazierendes Genie« (76), mit der Eckbrecht den Taugenichts vereinnahmen will, gefällt diesem gar nicht. Ihm graut vor diesem Eckbrecht »und seinem wilden Gerede« (76). Künstler ist eben nicht gleich Künstler.

Dagegen ist der Taugenichts erleichtert, als sich die beiden Reiter, die er schon für Räuber gehalten hatte, als **»Maler Leonhard«** und **»Maler Guido«** (38) vorstellen. Er nimmt es hin, tritt in ihre Dienste und merkt erst sehr viel später, dass sich hinter der Verkleidung ein **Graf** und das **Fräulein Flora,** die Tochter seiner Gräfin, verbergen.

Dieser Graf, obwohl nur Nebenfigur, wird deutlich als Standesperson herausgestellt. Er besitzt mehrere Schlösser und erobert seine Braut im Wettstreit mit dem Nebenbuhler. Seiner Dienerschaft gegenüber ist er wohlwollend und »sehr gewogen« (100). Ein ähnliches, aber knapperes Bild erhält man von dem **Sohn der Gräfin,** also dem Bruder von Fräulein Flora, wenn dieser dafür sorgt, dass Aurelie, die Nichte des Portiers an ihrem Geburtstag ein »Vivat« (24) bekommt.

Der Graf

Als weitere Statisten haben die Verfolger des Grafen, die Bediensteten auf den Schlössern und die Musiker in Rom kurze Auftritte, gewinnen für die Gesamthandlung aber keine Bedeutung.

Die weiblichen Nebenfiguren

Mehr als dem Leser zunächst bewusst ist, hat die **Gräfin** auf dem Schloss in der Nähe von Wien die Fäden in der Hand. Sie ist Schlossherrin und Familienoberhaupt; sie versucht den Lebensweg ihrer Kinder zu bestimmen, sie hat die Hofgesellschaft im Blick; sie arrangiert Feste und sorgt, dass sie gelingen. Aus einer Laune heraus lädt sie den Taugenichts zur Mitfahrt ein und stellt ihn etwas später als Gärtnerburschen an. Der Taugenichts vergleicht sie mit einer »Tulipane«; denn: »Sie war wahrhaftig recht schön rot und dick und gar prächtig [...] anzusehn« (11). Er begegnet ihr höflich und ehrerbietig; dafür dankt sie ihm und ist ihrerseits »ganz außerordentlich höflich« (11).

Die Gräfin auf dem Schloss

Die Gräfin in Rom

Ein Gegenbild zu dieser edlen Frau gibt jene **Gräfin in Rom** ab, die mittels eines Zettels den Taugenichts herbeilockt. Dieser erkennt noch früh genug, dass nicht seine »schöne junge Gräfin« Absender der Botschaft ist, sondern »eine etwas große korpulente, mächtige Dame mit einer stolzen Adlernase und hochgewölbten schwarzen Augenbrauen, so recht zum Erschrecken schön« (79). Glücklicherweise kann der Geladene der majestätischen Dame entkommen.

Rosette

Das ist keineswegs im Sinne der Kammerjungfer namens **Rosette** (23); die zunächst ihren Dienst im Schloss bei Wien versah, dann die Gräfin nach Rom begleitete und hier offensichtlich die Herrschaft wechselte. Sie durchschaut das Leben am Hof, ist für kleine Intrigen zu gewinnen und weiß sich jeweils kleine Vorteile zu verschaffen. Sie erkennt und verspottet die Naivität des Taugenichts (20) und wundert sich, dass er die Chancen, die er bei der römischen Gräfin hätte, nicht nutzt: »[…] du trittst dein Glück ordentlich mit Füßen« (79).

Die neue Kammerjungfer

Als positive Gegenfigur zu diesem Typ Kammerjungfer wird jenes **junge hübsche Mädchen** (86) in Aussicht gestellt, das zugleich mit den Studenten, dem Geistlichen und dem Taugenichts per Schiff zum Schloss fährt, um sich dort als »neue Kammerjungfer« (91) vorzustellen. Sie hat »die Haare sehr sauber gescheitelt« (87), sitzt »ganz still für sich« (86) und schlägt »jedesmal die Augen nieder« (87), sobald sich einer der Studenten nähert. Sie kommt in ihrer Art Aurelie, der Angebeteten des Taugenichts, sehr nahe.

Sehr viel weniger schätzt der Erzähler das Verhalten von jenem **Mädchen im Dorf** am Anfang der italienischen Rei-

Das Mädchen im Dorf

se, das ihn zuerst mit einer »Rose« (32), dann mit einem gezielten Angebot – »Er könnte sich hier ein gutes Stück Geld verdienen« (33) – für sich gewinnen wollte. Auch hier hätte der Taugenichts sein »Glück machen« (34) können – in der Art, wie die Kammerfrau Glück versteht.

Er aber hofft gegen alle Vernunft, dass er sein Glück bei der jungen Frau finden werde, die er bis zum Schluss für eine Gräfin hält, die er liebt und in der er das Ideal einer jungen Frau sieht, auch wenn sie, wie er am Schluss erfährt, nicht hochwohlgeboren ist.

Die Personenkonstellation

Die Leute im Heimatdorf:
Der »Müller« (5) (= des Taugenichts Vater)
Bekannte
Kameraden

Der »Taugenichts« (5)
Gärtnerbursche
Zolleinnehmer
Verehrer der »schönen Dame« (9)
Liebender und Geliebter der Aurelie

Begegnungen unterwegs

Auf dem Weg nach Italien:
Der Bauer, ein »Knollfink«
Ein Hirte

Die Leute im Dorf:
Der Wirt
Die Tochter des Wirts
Junge Burschen und Mädchen
Der Angetrunkene

Die Reiter vor Dorf B.:
Maler Leonhard (= junger Graf, Freier Floras)
Maler Guido (= Flora, Tochter der Gräfin)
Die Fluchthelfer
Der Verfolger

Die Gesellschaft im Schloss

Die Herrschaft:
Die Gräfin, »die gnädige Herrschaft« (8)
Die Kammerjungfer »Rosette«
Der junge Graf (= Sohn der Gräfin)
Flora (= Tochter der Gräfin)

Die Angestellten:
Der Amtmann
Der Schreiber
Der Zolleinnehmer
Der Portier
Der Gärtner
Weitere Bedienstete

Gäste:
Der Herr mit Brille
Der junge Graf aus der Nachbarschaft (= der Freier Floras)

»Aurelie« (55)
»die […] junge schöne Dame« (9),
Waise,
Nichte des Portiers
Liebende und Geliebte des Taugenichts

Auf dem Berg-Schloss in Italien:
Der Schloss-Verwalter und die Haushälterin
Das Mädchen
Mägde
Der blasse Jüngling

In Rom:
Der junge Maler
Der Maler Eckbrecht
Die andere Gräfin
Die Kammerjungfer »Rosette«

Auf der Rückreise:
Die Prager Studenten
Der geistliche Herr
Die neue Kammerjungfer

4. Struktur der Geschichte

Eine Autobiographie?

Schon der Titel *Aus dem Leben eines Taugenichts* lässt erkennen, dass sich der Leser formal auf den Texttyp der Biographie einstellen soll. Wenn sich dann im ersten Satz ein Ich-Erzähler vorstellt, so wird man den Text genauer als Autobiographie charakterisieren können. Dabei ist etwa an Goethes Autobiographie *Dichtung und Wahrheit* zu denken, deren Untertitel »Aus meinem Leben« lautet und die eben auch einen Lebensabschnitt – nämlich Kindheit und Jugend – und nicht das ganze Leben umfasst. Im Gegensatz zu Goethes Werk aber ist Eichendorffs Novelle ohne Bezug zur Wirklichkeit, erhebt keinen Anspruch auf Wahrheit, ist reine Dichtung, ganz fiktional. Die eigentliche Erzählung ist linear angeordnet. Der Erzähler beginnt bei seinem Auszug von zu Hause, berichtet von seiner ersten Anstellung, seinem ersten Verliebtsein, einer Reise nach Italien, von der Rückkehr nach Österreich und endet mit seiner Verlobung, der bevorstehenden Hochzeit und dem Plan einer weiteren Italienreise – dann zu zweit.

Stationen eines Lebenswegs

Die Geschichte ist in zehn Kapitel eingeteilt. Die Kapitel lassen sich als Stationen eines Lebenswegs begreifen, der entweder mit Kategorien der Geographie als eine Folge von Ortswechseln zu beschreiben ist oder – entwicklungspsychologisch – als Stufen einer Individualgeschichte oder – dramaturgisch – als Akte einer Komödie, in der sich die Liebenden nach zahlreichen Missverständnissen und Verwechselungen endlich finden.

Die erste Station – Kapitel 1 und 2 – ist durch den Aufbruch des Erzähl- und Handlungs-Ichs von zu Hause, durch seine Anstellung auf dem gräflichen Schloss in der Nähe von Wien und seine zunächst noch geheim bleibende Liebe zu der »schönen gnädigen Frau« bestimmt.

Die zweite Station – Kapitel 3 und 4 – ist direkte Folge eines Missverständnisses: Als der liebende junge Mann von der vermeintlichen Unerreichbarkeit seiner Geliebten überzeugt ist, flieht er »weit über die höchsten Berge fort« (27) nach Italien. Doch die Vergangenheit holt ihn ein: Er träumt von der Mühle des Vaters und von dem »Garten der schönen gnädigen Frau« (28). Von zwei Reitern wird er als der »Einnehmer vom Schloss« (37) erkannt, ohne dass er merkt, dass diese Reiter das verkleidete Fräulein Flora, also die Tochter seiner gräflichen Herrschaft, und deren Liebhaber, der Graf aus der heimatlichen Nachbarschaft, sind.

Ohne dass der Taugenichts das ganz durchschaut, bleibt er auch auf der nächsten Station seines Lebenswegs – in den Kapiteln 5 und 6 – in Verbindung mit seiner gräflichen Herrschaft und mit seiner weiterhin geliebten Frau. Da er nämlich, ohne es zu wissen, die Rolle von Fräulein Flora angenommen hat und von den Verwaltern der Fluchtburg in Italien für Fräulein Flora gehalten wird, erhält er auch die Post, die für die gräfliche Tochter bestimmt ist. Als er eines Tages ein »Briefchen« mit der Handschrift seiner »schönen Frau« erhält, in dem es heißt: »Es ist alles wieder gut. […] Kommen, eilen Sie zurück« (55), bezieht er das, ohne weiter nachzudenken, auf sich. Tatsächlich ist der Brief an Fräulein Flora, die Entführte, gerichtet, die aber nie das ausgesuchte Fluchtziel erreicht hat. In diesem Fall ist das Missverständnis jedoch ein fruchtbares; denn auch der Taugenichts wird zu Hause sehnlichst erwartet – von Aurelie, die er weiterhin für die gnädige Frau hält.

Flucht nach

Im Berg-Schloss

Der Übergang nach Italien

Von der Mühle weg zum Schloss

Kap. 1
Aufbruch aus dem Vaterhaus

Kap. 2
Anstellung im Schloss als Gärtnerbursche und Einnehmer

Kap. 3
Auf dem Weg nach Italien

Kap. 4
In Diensten bei Leonhard und Guido

Kap. 5
In der Rolle des verfolgten Fräuleins

Kap. 6
Aurelies Brief: »alles wieder gut.«

Erste Station:
Abschluss der Kindheit und Liebe zu dem Idealbild einer »schönen gnädigen Frau«

Zweite Station:
Vergeblicher Versuch, die unerreichbare Geliebte zu vergessen. Entführung Floras durch den Grafen

Dritte Station:
In der Rolle eines fürstlichen Bedienten. Die gute Botschaft Aurelies. Das Entweichen Floras und des Grafen

Konfusionen: Verkleidungen, Verwechslungen,

Italien

Rom

Rückkehr zum Schloss

Kap. 7 Enttäuschte Hoffnung. Bei den Malern	Kap. 8 Die falsche römische Gräfin

Kap. 9 Zurück in der Heimat Österreich	Kap. 10 Im Schlossgarten: Auflösung aller Konfusionen

Vierte Station:
Letzte Konfusionen
und Komplikationen
in Rom

Fünfte Station:
Allseitige Harmonie:
Hochzeit: Fräulein Flora – Graf
Hochzeit: Aurelie – Taugenichts

Rollentausch, Bedrohungen, Versuchungen

Der Weg nach Hause – vierte Station, dargelegt in den Kapiteln 7 und 8 – führt über Rom. Auf der Flucht aus dem Schloss-Versteck erfährt er, »dass er nur noch ein paar Meilen von Rom wäre« (60). Beinahe hätte er dort noch die Gräfin und Aurelie als deren Begleiterin getroffen, die offensichtlich Fräulein Flora nach Hause holen wollten. Doch sie sind schon abgereist. Nur die Kammerjungfer ist geblieben. Sie und die falsche Gräfin sind Grund genug, schnell wieder die Flucht zu ergreifen und »dem falschen Italien [...] den Rücken zu kehren« (80).

Die fünfte Station – Kapitel 9 und 10 – bedeutet das Ende aller Schwierigkeiten, die Auflösung aller Konfusionen und Komplikationen und die glückliche Vereinigung der Liebenden. Am Anfang des 9. Kapitels steht der Taugenichts »auf einem hohen Berge, wo man zum ersten Mal nach Östreich hineinsehen kann« (81). Mit dem Schiff erreicht er endlich das Schloss an der Donau, wo er im Garten den Grafen und Fräulein Flora, vor allem aber Aurelie, die er weiterhin für »die schöne gnädige Frau« (93) hält, antrifft. Erst als dieses Missverständnis aufgehoben wird, ist »alles, alles gut« (101). Jetzt können die, deren Beziehung in Anlehnung an das mittelalterliche höfische Minnewesen dargestellt wurde, ganz normal heiraten und sich lieben »wie die Kaninchen« (95).

Romanhaftes

Die Grundstruktur ist thematisch ausgefüllt mit Elementen des Liebes-, des Abenteuer-, des Entwicklungs- und des Bildungsromans. Heiter und unterhaltsam wirkt das Erzählte, weil der Leser jeder Zeit an ein gutes Ende glaubt und weil man die gelegentlichen Missverständnisse und Misshelligkeiten des Taugenichts höchstens als letzten Endes belanglos und komisch einzuschätzen weiß.

5. Erläuterungen zum Text

Während Thema und Intention des Textes von heutigen Leserinnen und Lesern unmittelbar erfasst werden, weist die sprachliche Fassung eine Reihe von Schwierigkeiten auf, die nur durch zusätzliche Informationen zu beheben sind. Es ist daher konsequent, dass die Reclam-Ausgabe der Novelle, aber auch andere Ausgaben, einen umfangreichen Anmerkungsteil bieten. Vom Herausgeber dieser Ausgabe, Hartwig Schultz, stammt der ebenfalls bei Reclam erschienene Band *Erläuterungen und Dokumente* zum *Taugenichts*, der in den Anmerkungen noch etwas reicher ist und zusätzliche literaturwissenschaftliche und literaturgeschichtliche Informationen liefert.

Auch der folgende Abschnitt setzt sich zum Ziel, mögliche Lesehemmnisse zu überwinden. Dabei werden zunächst einige Hinweise zur dargestellten Lebenswelt gegeben; danach wird etwas zur Symbolsprache Eichendorffs gesagt; schließlich werden einige Worterklärungen angefügt. Vor allem scheint es angebracht, einige Fremd- und Lehnwörter zu erklären, die dem heutigen Sprachgebrauch fremd sind.

Der soziale Hintergrund

Gesellschaftsschichten

Die Hauptperson der Novelle kommt aus der Schicht der Bauern und Handwerker: Der Taugenichts verlässt des »Vaters Mühle«, geht »durch das lange Dorf« und setzt sich von »den armen Leuten« ab, die er »graben und pflügen sah«

(5). Er stammt also vom Land und aus einem Dorf – aus einer Lebenswelt, die im Deutschland des 19. Jahrhunderts weit verbreitete Lebenswirklichkeit war.

Die Lebenswelt der Grafen und Gräfinnen war dagegen schon zu Eichendorffs Lebzeiten bedroht. Grafen, ehemals »Befehlshaber einer Schar«, später Landesherren einer Grafschaft, hatten im Laufe der Zeit alle Funktionen verloren; »Graf« wurde ein weitgehend leerer Titel für Vertreter des niederen, zum Teil auch des höheren Adels.[8] Die Gräfin im Schloss bei Wien wird als »gnädige Herrschaft« (8) angesehen und mit »Euer Gnaden« (6, 99) angeredet. Die Rituale der Adelsgesellschaft wie Jagd (16 f.), Promenade (12), Maskenball (20) und Serenade (24) werden gepflegt und eine hierarchisch geordnete Dienerschaft vom Amtmann über den Schreiber und Portier bis hinunter zum Gärtner und Gärtnerburschen steht zur Verfügung. Als unmittelbare Dienerin der Gräfin fungiert eine Kammerjungfer. Das »Zollhäuschen« (14) ist ein letzter Hinweis auf die ehemalige Landesherrlichkeit. Inzwischen scheint die Zolleinnehmerstelle jedoch überflüssig; der neue Einnehmer gesteht: »zu tun hatte ich weiter nichts« (16). Von Politik und Wirtschaft ist nirgendwo die Rede. Der Schauplatz scheint der übrig gebliebene Teil einer Spiel- oder Märchenwelt innerhalb einer insgesamt schon veränderten Welt.

Bilder, Vergleiche, Symbole

Um einen Eindruck von seiner Reise in die weite Welt oder von seinem Lebensweg zu geben, setzt der Erzähler einige zeichenhafte Bilder ein, die sich im Laufe des Textes wiederholen. Die zwitschernden »Sperlinge« und der »Goldammer« (5) am Fenster leiten den Aufbruch des Taugenichts ein. Er selbst vergleicht sich abwechselnd mit einem »Vogel«, »dem die Flügel begossen sind« (8), dann mit einem, dem »das Gebauer plötzlich aufgemacht wird« (91). Sein Lieblingsvogel ist die Lerche, die am frühen Morgen singend in den blauen Himmel fliegt. Aber auch die übrigen Vögel – die Dohlen, Käuzchen, Nachtigallen und andere – verdienen Beachtung. Sie sind nicht nur belebende Elemente der Natur, sondern sie geben dem Menschen Hinweise, wie er sein Leben zu gestalten hat.

Über das Fliegen

Wichtigstes Attribut des Taugenichts ist seine Geige. Sie ist Ausdrucksmittel seiner Befindlichkeiten und Begleitinstrument für seine Lieder. Es dürfte sich um eine Taschen-Geige, eine »Pochette«[9] handeln, die leicht zu transportieren ist. Die Geige macht den Taugenichts nicht nur zum Künstler, zum »Virtuosen« (33), sondern auch zum Instrument. Der singende und spielende Taugenichts ist die Verkörperung des Menschen, der als Geschöpf Gottes den Schöpfer auf angemessene Weise preist. Musik ist eine gesteigerte Ausdrucksmöglichkeit des Menschen. Von den Personen, die ein Instrument spielen – Fagott, Schalmei, Zither, Oboe, Klarinette, Waldhorn –, ist sicher Aurelie, des Taugenichts »schöne gnädige Frau«, die wichtigste. Sie spielt Gitarre und erweckt schon dadurch die Aufmerksamkeit des Titelhelden. Der Taugenichts und Aurelie, so schließt der Leser, passen zusammen.

Die Geige

Wort- und Sacherläuterungen

5,24f. **Groschen:** vom mittellateinischen Adjektiv *grossus* ›dick‹: Seit dem 13. Jahrhundert Ausdruck für stärkere Gold- und Silbermünzen. Im 19. Jahrhundert war der Wert eines Groschens in Deutschland 1/30 Taler.

5,31f. **Adjes:** eingedeutschte Form von *Adieu,* ursprünglich: ›Gott befohlen‹.

6,17 **köstlicher:** Ableitung von *kosten* ›wert sein, einen bestimmten Preis haben‹, also ›wertvoll‹.

6,27 **Ew. (Euer) Gnaden:** Anrede an eine adlige Person.

7,19 **kurios:** seltsam, sonderlich; wunderlich.

7,35 **Bandelier:** veraltet für: Schulterriemen, Wehrgehänge. Hier: schmückendes Schulterband.

7,37–8,1 **kurfürstlichen Nase:** eine Nase, wie man sich die eines Kurfürsten vorstellt.

8,15 **Heller:** Eine Münze, die nach dem ursprünglichen Prägeort Schwäbisch-Hall benannt wurde. Zuerst eine Silbermünze, später billige Kupfermünze; in Österreich bis 1924 in Umlauf.

8,18 **Perpendikel:** vom lateinischen Substantiv *perpendiculum* ›Richtblei, Senkblei‹. Hier: Uhrpendel.

8,25 **herumvagieren:** eine Wortzusammensetzung, deren Grundwort auf das lateinische Verb *vagari* ›umherstreifen, umherschweifen‹ zurückgeht. Also: ›beschäftigungslos herumziehen‹; ›sich unstet bewegen‹. Auf das gleiche lateinische Wort gehen auch die Lehnwörter *Vagabund, vagabundieren, Vagant* und *vage* zurück.

9,2 **diskurrieren:** auf das lateinische Wort *discurrere* ›auseinanderlaufen‹ zu beziehen. Im übertragenen Sinn sind die Gedanken und Redebeiträge gemeint, die dann zusammen einen Diskurs ausmachen.

9,8 **Kavalier:** (lat., it., frz.) ›Reiter‹, ›Ritter‹. Hier: Welt- und Hofmann, der im höflichen Benehmen, besonders Damen gegenüber, geübt ist.

10,16 **meditiert ich:** Entlehnung aus dem Lateinischen: *meditari* ›nachsinnen, überdenken‹; ›sinnen, sich vorbereiten‹.

11,14 **fatale Fliege:** Eine Fliege, deren Auftauchen verhängnisvolle Folgen hat. *Fatal* ist entlehnt von dem lateinischen *fatalis* ›vom Schicksal bestimmt‹.

11,23 **Tulipane:** poetisch für: Tulpe.

11,24 **Kompliment:** Höflichkeitsbezeigung, Gruß; Schmeichelei.

12,10 **Vesperglocken:** Glocken, die zur abendlichen Gebetsstunde läuten. Das lateinische Substantiv *vesper* bedeutet ›Abend‹.

13,5–8 **Volkslied … Wunderhörner … Herbarien … National-Seele:** Seit Herder und der junge Goethe im Elsass die Lieder gesammelt und für besonders wertvoll erklärt hatten, die von den einfachen Leuten gesungen wurden, stieß das »Volkslied« auf besonderes Interesse, da man in ihm die »National-Seele« ausgedrückt fand. Clemens Brentano und Achim von Arnim, zwei der bedeutendsten Romantiker, hatten 1806 eine Liedersammlung *Des Knaben Wunderhorn* herausgebracht, die große Beachtung fand. Wenn nun das Lied, das der Taugenichts singt, mit den Liedern dieser Sammlung verglichen wird, ist das ein hohes Lob. Es ist umso größer, als die Lieder aus den »Wunderhörnern« wie getrocknete und konservierte Pflanzen einer Kräutersammlung, eines Herbariums also, gegenüber dem frischen und in der Natur gesungenen Lied des Taugenichts wirken. Es ist allerdings fraglich, wie viel das Urteil des jungen Herrn »mit einer Brille auf der Nase« gilt.

15,6 **hineinparlierte:** Das Grundwort ist eine Entlehnung aus dem Französischen: *parler* ›sprechen‹. *Parlieren:* ›plaudern, schwätzen‹; ›leichte Konversation betreiben‹.

15,15 **Meriten:** Lehnwort aus dem Lateinischen: *meritum* ›Verdienst, Würdigkeit‹; ›verdienstvolle Tat‹.

15,28 **kommode:** Lehnwort aus dem Lateinischen: *commodus* ›angemessen, passend‹; ›bequem, leicht‹.

16,12 **Portier:** wörtlich ›Pförtner‹, abgeleitet von lateinisch *porta* ›Tür, Pforte‹. Hier: Hausbediensteter.

18,23 **Transport bis zum Latus:** Fachbegriffe aus der zeitgenössischen Buchführung.

19,2 **Parasol:** Kunstwort aus griechischen und lateinischen Elementen: Sonnenschirm, wörtlich: ›gegen die Sonne‹.

19,17 **Postillon:** veraltetes lateinisch-italienisches Lehnwort für Postkutscher.

20,31 **Galanterie:** Ableitung von dem spanischen Fremdwort *Galan* ›vornehm auftretender Liebhaber‹. Also: höfliches und zuvorkommendes Auftreten gegenüber einer umworbenen Frau.

Kapriolen: auf das lateinische Substantiv *capra* ›Ziege‹ zurückgehende Wortbildung: ›Bocksprung‹, närrischer Luftsprung.

21,5 **Melancholie:** Aus den griechischen Wörtern *mélas* und *cholé* zusammengesetztes Kunstwort, das ›Schwarzgalligkeit‹ bedeutet. Also: eine traurige Stimmung, die angeblich auf eine Störung der Galle zurückgeht und die sich zur Psychose verschlimmern kann.

23,33 **Reputation:** Ruf, Ansehen.

24,1 **Vivat:** Hochruf. Wörtlich: »Er/sie möge leben!«

27,15 **spanischen Rohr:** Spazierstock aus Bambus.

27,22f. **Pomeranzen:** Zitrusfrüchte, die nur in den Mittelmeerländern gedeihen.

27,25 **Konduite:** Benehmen.

28,5 **Tarantel:** Menschen, die von der Tarantel (einer Raubspinne) gebissen wurden, sollen der Volksüberlieferung nach durch Tanzen geheilt worden sein. Der Name des süditalienischen Tanzes Tarantella leitet sich davon ab.

29,20 **Kamisol:** Unterjacke mit langen Ärmeln.

29,22 **Poperenzen:** Verballhornung von ›Pomeranzen‹ (s. Anm. 27,22f.).

29,31 **Knollfink:** plumper, grober Mensch.

30,8 **Spektakel:** Lehnwort aus dem Lateinischen: *spectaculum* ›Tribüne‹; ›Schauspiel‹.

30,36 **attent:** Fremdwort aus dem Lateinischen: *attentus* ›gespannt, aufmerksam‹; ›erwerbsam, sparsam‹.

31,23 **Ländler:** einfacher Volkstanz, der ursprünglich von den Landbewohnern getanzt wurde.

32,12 **Pfennige:** ursprünglich Silbermünze mit wechselndem Wert, später geringwertige Kupfermünze.

32,14 **Stampe:** (schlesisch) Trinkglas.

33,12 **Kopftremulenzen:** Das Tremolo des Gesangs wird durch Zittern der Stimme (Tonschwankungen) hervorgerufen. Bei der Geige wird der ähnliche Vibrato-Effekt durch eine Handschwingung erreicht. Es ist deshalb unsinnig, wenn der Taugenichts seine Grimassen hier mit dem Virtuosentum in Verbindung bringt und den Kritiker mit einem falschen Spezialausdruck abspeist, der als »Kopfzittern« zu übersetzen wäre.

33,17 **ausgeschossner Ladstock:** Mit dem Ladstock (aus Holz oder Metall) wurde die Munition bei Vorderladern in den Lauf von Feuerwaffen eingeführt. Eine vorzeitige Explosion des Pulvers bei unsachgemäßem Hantieren konnte dazu führen, dass der Stock herausgeschossen wurde.

34,1 **durch die Fistel:** mit Fistelstimme (hohe Kopfstimme).

34,3 **Feldscher:** der beim Militär tätige Frisör, der meist auch als Wundarzt fungierte.

34,8 **ambrasieren:** Neubildung aus französisch *embrasser* ›umarmen‹ und ›rasieren‹. Also: gefährlich anfallen.

35,11 **martialischen Räubern:** Ableitung von *Mars*: römischer Kriegsgott. Also: wilde, kriegerische Räuber.

37,11 **Schnapphahn:** Strauchdieb, Wegelagerer.

37,30 **vazierst ... Vakanz:** Beide Wörter gehen auf das lateinische Adjektiv *vacuus* ›leer, frei, ledig‹ zurück. *Vakanz* ist einerseits die freie Stelle, andererseits die von der Arbeit freie Zeit, also: Ferien. *Vazieren* heißt dann ›dienstfrei sein‹. Wenn der Taugenichts, der im Augenblick ohne Anstellung ist, die angebotene Stelle annimmt, hat er sozusagen dauernd Ferien.

38,5f. **ließ sie repetieren:** Eine Repetieruhr gibt auf Knopfdruck die Zeit an.

39,15 **Come é bello!:** (ital.) Wie schön er ist!

41,16f. **Filet:** (frz.) feines, netzartiges Gewebe.

41,23 **Vehemenz:** auf das lateinische Adjektiv *vehemens* ›heftig, leidenschaftlich‹; ›stark, gewaltig‹ zurückgehend. Also: Heftigkeit, Wildheit.

41,26f. **Welschland:** Bezeichnung für das Land jenseits der Alpen, Italien.

41,27 **Lombardei:** oberitalienische Landschaft. Nach dem Zusammenbruch der napoleonischen Herrschaft wurde ein Lombardisch-Venetianisches Reich gebildet, das Teil der österreichischen Monarchie wurde.

42,25 **Servitore:** (ital.) Diener.

42,25f. **arriware:** ital. *arrivare* ›ankommen‹.

42,27 **Kauderwelsch:** Ausdruck für ›unverständliches Gerede‹. Ursprünglich war die schwer verständliche Sprache der Rätoromanen gemeint; auch hielten Nicht-Romanen die romanischen Sprachen insgesamt – mit der Sammelbezeichnung ›welsch‹ belegt – für unverständlich.

42,28 **»Parlez vous françois«:** richtig: *Parlez-vous français?* ›Sprechen Sie französisch?‹

42,36f. **babylonischen Diskurs:** In Anlehnung an den Mythos der babylonischen Sprachverwirrung wird die Unterredung als unverständlich gekennzeichnet. *Diskurs* ist das Substantiv zu ›diskurrieren‹ (s. 9,2).

43,7f. **passatim:** vermutlich verballhornt aus einem Wort der Studentensprache. *Gassatim gehen* bedeutet ›durch die Gassen streifen, herumstreunen‹. In diesem Sinne kommt es auch in dem von den Romantikern verehrten *Simplizissimus* von Grimmelshausen vor.

44,8 **Hoppevogel:** Der Wiedehopf oder Hopfennachtvogel. Die Strophe nahm Eichendorff nicht in die Gedichte auf.

46,2 **Kanapee:** veraltet für: Sitzsofa.

46,23 **»Si, Si, Signore!«:** (ital.) »Ja, ja, mein Herr!«

48,25 **Schnipper:** Stirnläppchen an der Haube.

48,37 **Schoppen:** mundartl. für: Schuppen.

49,32 **poverino:** (ital.) Ärmster.

50,1 **galanten Diskurs:** eine angenehme, höfliche Unterhaltung (s. *Galanterie* 20,31, *Diskurs* 9,2 und 42,36 f.).

50,12 **»felicissima notte!«:** (ital.) »recht gute Nacht!«

51,34 **Wasserkunst:** künstlich angelegter Springbrunnen.

52,9 **Kaputrock:** langer Rock (Mantel) mit Kapuze.

52,34 **Kadenzen:** vom Instrumentalisten selbst frei und virtuos ausgestaltete Passagen in Konzertstücken.

55,15 **Päonie:** Die (rote) Pfingstrose gehörte zu Eichendorffs Lieblingsblumen.

57,1 **Basilisk:** in der antiken Mythologie ein großes schlangenartiges Ungeheuer, dessen Blick tödlich ist.

59,31f. **Idio und cuore und amore und furore!:** (ital.) Gott und Herz und Liebe und Raserei!

64,2 **konfuse:** auf das lateinische Verb *confundere* ›zusammengießen, vermischen, durcheinander werfen‹ zurückgehend. Also: verworren, irre.

64,33 **abkonterfeien:** abbilden, porträtieren.

66,7 **künstlich:** kunstvoll, mit großer Kunstfertigkeit.

67,7f. **Leonardo da Vinci und Guido Reni:** italienische Maler (1452–1512 und 1575–1642).

68,23 **Karossen:** auf das lateinische *carrus* ›vierrädriger Wagen‹ zurückgehend. Hier: Prunkwagen, Staatskutsche.

69,27 **Gebauer:** Vogelbauer.

69,30 **»furfante!«:** (ital.) »Spitzbube!«

71,2f. **das sinnreiche Tableau:** Tableau ist die Bezeichnung für ein Bild, steht jedoch auch für *tableau vivant* ›lebendes Bild‹. Das Nachstellen von Gemälden durch lebende Personen war ein beliebtes Gesellschaftsspiel im 18. und 19. Jahrhundert. Insofern kann der Taugenichts tatsächlich *in* ein solches Bild geraten. Der Inszenator des Bildes ist darüber böse, weil das mühevoll gestellte Tableau tatsächlich lebendig ist und damit zerstört wird (vgl. 72,27f.).

71,4 **der selige Hoffmann:** E.T.A. Hoffmann (geb. 1776) war 1822 in Berlin gestorben.

71,13 **Silberblick:** ursprünglich ein Fachausdruck der Silberherstellung, dann volkstümliche Bezeichnung für einen leicht schielenden Blick. Hier vermutlich auch als Seitenblick auf das Silber (Geld) gemeint.

71,16 **Pinsels:** doppeldeutig: Malerpinsel und Einfaltspinsel (einfältiger Mensch).

Duca: (ital.) Herzog. Zugleich klingt »Dukat« (Geldstück) an.

76,5f. **vazierendes Genie:** Das Wort ›Genie‹, das im 18. Jahrhundert aus dem Französischen übernommen wurde, geht auf das lateinische Substantiv *genius* ›Schutzgeist‹ zurück, ist inhaltlich aber auch mit dem Verb *gignere* ›hervorbringen, erzeugen‹ verwandt. In der Bedeutung ›schöpferischer, göttlicher Geist‹ wurde es zum Leitwort der Sturm-und-Drang-Epoche. Dem hohen Anspruch kann das vazierende Genie nicht gerecht werden.

80,3 **Amour:** auf das lateinische *amor* zurückgehend. Hier abfällig für: Liebesbeziehung.

80,10 **desperate:** verzweifelte.

81,20 **Dreistutzer:** Dreispitz, ein Hut mit drei »Ecken«.

81,21 **akkompagnierten mich:** begleiteten mich (musikalisch).

81,31 **Viatikum:** Reisegeld.

82,10 **Kollation:** Imbiss, Erfrischung.

82,30 **Kaiser in vollem Ornate … Zepter … Reichsapfel:** Als zurückliegend wird an die Zeit vor 1806 erinnert. Am 6.8.1806 legte Kaiser Franz II. die Kaiserkrone nieder; das bedeutete das Ende des alten deutschen Reiches und des Kaisertums.

83,9 **point d'honneur:** (frz.) ›Punkt der Ehre‹. Hier: Bewusstsein ständischer Ehre, Standesbewusstsein.

83,9f. **odi profanum vulgus et arceo:** (lat.) »Ich hasse den Pöbel und distanziere mich von ihm«. Zitat aus den *Oden* des Horaz (III,1,1).

83,16f. **auf die Wissenschaften applizieren:** sich intensiv den Wissenschaften widmen.

83,17 **Konfrater:** Mitbruder (in geistlichen Orden). Der Student studiert Theologie; in diesem Sinne hatte er auch von »Sermonen« (Predigten) gesprochen (83,14).

83,18 **Clericus clericum non decimat:** (lat.) Ein Geistlicher zahlt keinem Geistlichen.

83,20 **im Karlsbade:** böhmischer Kurort.

83,21 **distinguendum est inter et inter:** (lat.) Formel der Gelehrtensprache: Es gilt zu unterscheiden (differenzieren).

83,22 **quod licet Jovi, non licet bovi:** (lat. Sprichwort) Was Jupiter erlaubt ist, ist dem Ochsen nicht erlaubt.

83,31f. **Aurora musis amica:** (lat.) Die Morgenröte ist eine Freundin der Musen.

83,36 **Kollegium:** hier: Bezeichnung für Universitäts-Lehrveranstaltungen und die Gebäude, in denen sie stattfinden.

84,35 **Kompendien repetieren:** den Stoff der Kompendien (Lehrbücher) wiederholen.

85,25 **Kondiszipels:** Mitschüler.

87,13 **Brevier:** Stundengebetbuch der katholischen Geistlichen, dann auch: kleines Gebetbüchlein.

87,37 **Ludi magister:** (lat.) Meister des (Geigen-)Spiels.

88,16 **Devotion:** Ehrerbietung.

88,22 **in Kondition komme:** in Stellung komme, eine Anstellung finde.

89,11 **passatim:** vgl. Anm. zu 43,7f.

90,23 **Valet:** (lat.) Abschied.

90,26f. **Et habeat ... fornacem!:** (lat.) Es möge (guten) Frieden haben, wer hinter dem Ofen sitzt!

91,3f. **Venit ... homo!:** (lat.) Er kommt aus seinem Hause – Glücklich jener Mann! Möglicherweise eine Anspielung auf Horaz (*Epoden* 2,1ff.).

91,6 **Boreas:** kalter Nordwind der nordgriechischen Gebirge.

91,13–16 **Beatus ille ... bonam pacem!:** (lat.) Glücklich ist jener Mensch, der in seinem Hause sitzt und hinter dem Ofen sitzt und (guten) Frieden hat!

92,4 **rekommandiert:** empfohlen.

94,19 **Wir bringen Dir den Jungfernkranz:** Chorlied der Brautjungfern in Carl Maria von Webers Oper *Der Freischütz.*

95,9 **couragiösesten:** abgeleitet von *courage* ›Mut, Tapferkeit‹, inhaltlich benachbart zu *couragiert* ›beherzt‹.

95,13 **Phantast:** Ableitung von ›Phantasie‹. Das altgriechische Substantiv *phantasía* bedeutet ›Wundererscheinung, Traumbild, Spuk‹. Also: Träumer, Schwärmer, Mensch mit überspannten Ideen.

95,14 **Arkadien:** eine griechische Landschaft, seit der Renaissance Sinnbild einer paradiesischen Hirtenlandschaft.

95,32 **Sermon:** Lehnwort, auf das lateinische Substantiv *sermo* ›Rede, Unterredung, Vortrag‹ zurückgehend. Meist abwertend für langweiliges Gerede gebraucht.

98,10 **Romane:** Das Wort ›Roman‹ stammt aus dem Französischen und bezeichnet ursprünglich eine volkstümliche Schrift in Vers oder Prosa, die nicht in gelehrtem Latein, sondern in der »lingua romana« verfasst war. Da der Roman seine Leser unterhalten will, wurde er in den meisten Dichtungstheorien zunächst negativ eingeschätzt. Erst im 18. Jahrhundert gewinnt er Anerkennung als literarische Kunstform. Danach wird diese Gattung wegen der Vielfalt der Stoffe, Formen und Gehalte besonders geschätzt. Der romantische Roman hat bedeutenden Anteil an der Durchsetzung dieser literarischen Form.

6. Interpretation

Der Titel. Im Laufe der nachweisbaren Entstehungsgeschichte der Novelle von 1817 bis zum Erstdruck 1826 wechselt die Titelbezeichnung mehrfach: Ein erster Entwurf ist »Ein Familien-Gemählde«[10] überschrieben; eine frühe Handschrift hat die Aufschrift »Der neue Troubadour«[11]; eine Handschrift aus dem Jahr 1823 erprobt einen Doppel-Titel: »Zwei Kapitel aus dem Leben eines armen Taugenichts Oder der moderne Troubadour«[12]; der erste Vorabdruck in der Zeitschrift *Deutsche Blätter für Poesie, Litteratur, Kunst und Theater* (1823) heißt »Ein Kapitel aus dem Leben eines Taugenichts«[13]; erst das Manuskript, das 1825 an den Verlag geht, benennt das Werk *Aus dem Leben eines Taugenichts*[14].

Focus auf den »Helden«

Mit diesem ausgedruckten Titel ist der Blick endgültig ausgerichtet auf die eine Person. Unterdrückt ist der ursprünglich geplante Hinweis auf die hoch angesehene Tradition mittelalterlicher höfischer Dichter. Stattdessen wird die Kurzbiographie einer in den Augen des Lesepublikums problematischen Gestalt angekündigt, und diese Person wird ohne ein Mitleid erregendes Attribut und ohne ein »angeblich« als Ironiesignal allein mit dem in bürgerlichen Ohren negativ besetzten Schimpfwort »Taugenichts« vorgestellt. Die einleitenden Sätze des ersten Kapitels geben dann einem Ich-Erzähler das Wort, der scheinbar nichts gegen diese Bezeichnung einzuwenden hat, sondern daraus die Konsequenz zieht, den Ort zu verlassen, an dem er als Nichtsnutz eingestuft wird. Mit diesem Entschluss wird eine neue Lebensphase eingeleitet und die folgende Erzählung entspricht durchaus der Konzeption eines autobiographischen Textes. Kann der Leser also Bekenntnisse nach Art des hl. Augustinus oder Rechtfertigungen in der Nachfolge von Rousseaus Bekenntnissen oder eine Lebensbeschreibung und -deutung erwarten, wie sie Goethe in seiner Autobiographie *Dichtung und Wahrheit. Aus meinem Leben.* vorgelegt hat? Jedenfalls ist ein *Lebensrückblick* in Aussicht gestellt.

Das Erzähl- und Handlungs-Ich. »[…] in die Welt gehen und mein Glück machen« (5) – so lautet das Lebensprogramm, mit dem sich der als Taugenichts Gescholtene von seinem Vater, dem Müller, und dem Ort seiner Jugend, der Mühle, abwendet. Der Bruch mit seinem Vater, der zur »Arbeit« (5) auffordert, und mit der dörflichen Arbeitswelt insgesamt ist damit vollzogen. Singend und musizierend begibt sich der junge Mann auf die Landstraße und strebt »in die freie Welt« (5). Rückblickend erzählt dieses Ich nun, wie es ihm in der freien Welt ergangen ist und wie es sein Glück gemacht hat.

Rückblickendes Erzählen

Einen bestimmten Adressaten hat der Erzähler nicht. Fast scheint es so, als wiederhole er nur für sich, was er erlebt hat. Dabei wird ihm einerseits bewusst, dass er manches wieder »vergessen« hat (8); andererseits erinnert er sich mit »Wehmut« an die schöne Zeit, als er »die schöne Frau« von ferne sah und singen hörte, und er seufzt: »[…] ach das alles ist schon lange her!« (11). Zwischen der Handlung, die mit der Verlobung und mit weiteren Reiseplänen endet (101), und dem Zeitpunkt, zu dem das Ich anfängt zu erzählen, besteht eine Lücke, die inhaltlich nicht gefüllt wird. Der Erzähler wendet sich weit zurück und lässt den Leser unmittelbar am Erlebten teilnehmen.

Bei der Suche nach seinem Glück kommen ihm die Umstände entgegen. Für die Gräfin, die ihn eine Zeit beobachtet, ist er »ein lustiger Gesell«; sie lobt: »Er weiß ja recht hübsche Lieder zu singen« (6). Beides macht ihn auf Anhieb sympathisch. Sogar die Kammerjungfer auf dem Schloss meint, er sei »ein charmanter Junge« (8). Mit seinem heiteren Gemüt – »Mir war wie ein ewiger Sonntag im Gemüt« (5) – gewinnt er die Herzen der einen und erregt er gleichzeitig das Misstrauen der anderen; nämlich jener, die selbst verdrießlich und von Arbeit und Sorge besetzt sind. Ihnen ist schon die Geige ein Dorn im Auge; sie ordnen ihn eher in die Kategorie »Gesindel und Bauernlümmel« (8) ein.

Anlage und Lebensumstände

Damit aber tun sie dem Müllerssohn mit Sicherheit Unrecht; denn längst hat er bewiesen, dass er mit adligen Damen angemessen reden kann, dass er die Umgangsformen beherrscht und dass sein Verhalten untadelig ist. Außerdem ist er jung – »auf der Oberlippe zeigten sich erst ein paar Flaumfedern« (49) – und attraktiv, so dass wohl nicht nur die Augen der Wein reichenden Dorfschönen »über das Glas weg auf [ihn] herüberfunkelten« (32). Auch bei anderen kommt er gut an.

Ein umfassendes Glaubensbekenntnis legt der junge Mann, von dem der Leser längst gemerkt hat, dass er kein Taugenichts im üblichen Wortsinn ist, in seinem Auftrittslied ab: »Wem Gott will rechte Gunst erweisen, den schickt er in die weite Welt« (6). Dieses Lied weist ihn als gläubigen, weltoffenen, auf Gott vertrauenden, durchweg optimistischen Menschen aus. Er scheint im Einklang mit sich, mit der Welt und mit dem Weltschöpfer zu sein.

Gottvertrauen

Dies zuweilen blinde Gottvertrauen hat jedoch auch eine

Kehrseite. Vertrauensselig, wie er ist, hat er keinen Blick für verworrene Verhältnisse, noch weniger für kleine Intrigen, wie sie auch am kleinsten Hofe üblich zu sein scheinen. Nicht nur die Kammerjungfer merkt, dass er manches nicht durchschaut. Er selbst hat manchmal den Eindruck, dass er »ein großer Narr« (25) sei. Auch wenn er über sich und die Welt nachdenkt, bleibt er im Bereich der Sprichwort-Weisheiten. Er kommt mit einem Leitsatz wie »[...] der Mensch denkt und Gott lenkt« (10) aus. Naiv gläubig geht er durch die Welt.

Die weite Welt

Der Wandernde und Reisende. Zu den Grundüberzeugungen des Erzählers gehört, dass es eine Gottesgunst ist, »in die weite Welt« geschickt zu werden und dass »die Trägen, die zu Hause liegen« (6), ihr Leben vertun. Es ist eine Art Lebenserfüllung, »auf Reisen zu gehn« (5).

Dabei sind die Arten der Fortbewegung ebenso wenig wichtig wie die Reiseziele. Zunächst »wandert« der junge Mann auf der Landstraße »ganz langsam« fort, ist dann aber dankbar, als ihn »ein köstlicher Reisewagen« (6) einholt und ihn mitnimmt. Auch später kommt ihm ganz gelegen, wenn er größere Strecken mit der Kutsche oder per Schiff zurücklegen kann. Keineswegs ist er also der Prototyp des Wandervogels, der aus dem Wandern eine Ideologie macht.

Ein festes Ziel hat der, der gerade von zu Hause wegzieht, nicht; er nennt aus Verlegenheit Wien, weil diese Stadt in der Gegend, aus der er stammt, als Attraktionsort anerkannt ist. Später reist er mit reichlich unklarer Vorstellung nach Italien und kommt eher zufällig nach Rom, von dem er »als Kind viele wunderbare Geschichten gehört« (60) hat. Ein genaues Bild erhält der Leser weder von Rom noch von

Wien. Auch der Landschaftscharakter auf dem Weg von Österreich bis Mittelitalien scheint sich nicht zu ändern. Die Grundelemente der Landschaft – Berge und Täler, Wälder und Felder – sind überall dieselben: in »Tirol«, in der »Lombardei« (41), vor »Wien« (6) und vor »Rom« (60), in »Italien« (41) und in »Östreich« (81).

Reiselust

Kein Reiseziel, sondern eine allgemeine »Reiselust« (26) bewegt den Taugenichts. In dem Wort »Reiselust« sind enthalten: »alle die alte Wehmut und Freude und große Erwartung« (25). Auslöser dieser Reiselust sind der Gesang der Lerchen und der Klang des Posthorns. Hört er diese Lockungen, »war mir nicht anders, als müsst ich nur sogleich mit fort, weit, weit in die Welt« (19). Sobald er dann den inneren und äußeren Anstößen folgt, fühlt er sich »wie ein Vogel, der aus seinem Käfig ausreißt« (26). Dann überkommt ihn das ursprüngliche Lebensgefühl, dem er in seinem Lied von der Gottesgunst des Wanderns Ausdruck gibt. Von aller Erdenschwere befreit, fühlt er sich »wie der Vogel in der Luft« (40). Dabei geht es ihm weniger um die Schnelligkeit, in der die Vögel dem Menschen überlegen sind, sondern mehr um die Höhe, die eben nur die beneideten Lerchen erreichen. So bleibt wohl eine Wunschvorstellung, was Guido singt und was ihm, dem Taugenichts, »durchs ganze Herz klang:

Fliegt der erste Morgenstrahl
Durch das stille Nebeltal,
Rauscht erwachend Wald und Hügel:
Wer da fliegen kann nimmt Flügel!« (38)

Am frühen Morgen der Sonne entgegenfliegen zu können – so könnte der Traum aussehen, in den der Taugenichts verfällt, als er das Lied hört.

Wie der Taugenichts kein festes Ziel hat, das er erstrebt, so hat er auch keinen Ort, den er endgültig flieht: Kaum hat er die heimische Mühle verlassen, da wird ihm »so kurios zumute, als müsst ich wieder umkehren« (7); und kaum hat er eine erste Strecke auf dem Weg nach Italien zurückgelegt, da denkt er zurück »an den Garten der schönen gnädigen Frau« (28). Auch die »Mühle in den tiefen Schatten« (28) kommt ihm wieder in den Sinn. Während ihn die Reiselust also in die Ferne lockt, zieht ihn das Heimweh zugleich wieder zurück. Aber auch die Rückkehr in die Heimat ist nicht endgültig; denn obwohl er enttäuscht »dem falschen Italien« (80) den Rücken gekehrt hat, stellt er seiner Braut in Aussicht: »[…] gleich nach der Trauung reisen wir fort nach Italien« (101). Fernweh und Heimweh sind vergleichbare Arten von Sehnsucht, die in unterschiedliche Richtungen weisen, denen aber gemeinsam ist, dass sie in dieser Welt unstillbar zu sein scheinen. Reisen und Wandern sind für den Autor des *Taugenichts* nur Bilder für das andauernde Unterwegssein des gläubigen Menschen.

Eine komplizierte Liebesgeschichte

Der Liebende. Im Rückblick erkennt der Erzähler, dass die Begegnung mit den vornehmen Damen, kurz nach dem Aufbruch aus dem Heimatdorf, der Anfang der Liebesgeschichte war, die auf der letzten Seite der Novelle endet; denn die eine der Damen, die »besonders schön und jünger als die andere« (6) war, ist jene, die er am Schluss heiraten wird und mit der er »gleich nach der Trauung […] nach Italien« (101) reisen will. Die Geschichte selbst, die so gut und natürlich ausgeht, ist jedoch höchst kompliziert.

Der Müllerssohn ist sich anfangs des Standesunterschieds, der zwischen ihm und den Schlossherrschaften besteht, durchaus bewusst. Wenn er »ein Kavalier wäre« (9), so überlegt er in einer irrealen Gedankenbewegung, so wollte er mit der Dame im Garten herumgehen und sie mit schönen Redensarten unterhalten. Er scheint also ziemlich genaue Vorstellungen von Lebensstil an Rokoko-Höfen zu haben.

Die »Dame«

Bald aber erscheint ihm die Dame, die er im Garten herumgehen sieht, »wie ein Engelsbild« (9). Damit beginnt eine Phase der Idealisierung, die ihre Leitvorstellungen aus der mittelalterlichen höfischen Dichtung nimmt. Dort nämlich verehrte der fahrende Ritter, der sein Vorbild im provenzalischen Troubadour hatte, die Burgherrin als »edle frouwe« und trug ihr Lieder und Gedichte vor, ohne einen Lohn zu erwarten. Der Taugenichts nimmt diese Rolle eines Troubadours an, wenn er die »viel schöne gnäd'ge Fraue« (9) im Lied besingt und ihr Blumensträuße pflückt. Die Angebetete erscheint ihm, wenn sie »eine Lilie in der Hand hielt«, »wie ein Engel« (12), also im wahrsten Sinne himmlisch. In der Art der Minnesänger erhebt er die Dame seines Herzens zu einer göttlichen Figur, die eigentlich für sterbliche Wesen unerreichbar ist und die doch intensiv begehrt wird. Als er ihr dann einmal zufällig und leibhaftig begegnet, ist er »wie betrunken von Angst, Herzklopfen und großer Freude« (18), so dass er nicht in der Lage ist, die Situation realistisch einzuschätzen, dass er vielmehr an das Märchen »von der schönen Magelone« denkt und Wunschträumen nachgeht (17). Auch er würde gerne die Geliebte entführen und in Kauf nehmen, dabei in türkische Gefangenschaft zu geraten. Er ist von den tradierten Geschichten so besetzt, dass er nicht bemerkt, dass seine Dame für seine Lieder und Aufmerksamkeiten durchaus empfänglich ist. Dass er sie, die er für unerreichbar hält, flieht, beruht auf einem Missverständnis. Bezeichnend ist, dass er ihr aber auch jetzt noch die Treue hält. Er hat keinerlei Blick für andere weibliche Wesen, die ihm ihre Sympathie zeigen: Er scheint nicht zu verstehen, was das Mädchen will, das ihm eine »Rose« reicht und dabei »über und über rot« (32) wird; für die Kammerjungfer hat er keinerlei Empfinden (79f.); das Mädchen, das im italienischen Schloss im Nebenzimmer schläft, sieht er kaum an, zieht sich sofort zurück, damit es sich »nicht [...] schämen sollte, wenn sie erwachte« (51); das eindeutige Angebot der römischen Gräfin (79) lässt ihn davonlaufen. Und von da aus geht es wieder zurück zum Schloss und zu seiner Geliebten.

Versuchungen

Sie ist es schließlich, die alle Konventionen und Traditionen durchbricht und ihn »schnell an sich« drückt und ihm »um den Hals« fällt, ehe er sie »fest mit beiden Armen« umschlingt (99). Dann erst erfährt er, dass er durchaus ebenbürtig liebte und dass diese Liebe sogar erwidert wurde. Nun erst merkt er, dass er blind für Tatsachen war und ideologisch befangen von Ritualen einer vergangenen ritterlich höfischen Zeit. Und doch war das Missverständnis fruchtbar.

Die Erlösung

Der Weg über Rom war kein Umweg und die Verwirrung des Herzens war nicht schädlich. Wahre Liebe übersteht alle Komplikationen. Weder Landes- noch Standesgrenzen können Verliebte trennen, so lautet die Botschaft; denn: »Die Liebe [...] ist eine der couragiösesten Eigenschaften des menschlichen Herzens. [...] Ja, sie ist eigentlich ein Poetenmantel, den jeder Phantast einmal in der kalten Welt umnimmt, um nach Arkadien auszuwandern« (95).

Offensichtlich wird der Taugenichts zu den Phantasten gezählt. Aber auch Herr Leonhard, tatsächlich aber der junge Graf aus der Nachbarschaft, der diese Rede über die Liebe hält, ist einer dieser Phantasten; denn er entführte Fräulein Flora, wie einst die sagenhafte Magelone entführt wurde, bestand märchenhafte Abenteuer und kam ebenfalls auf Umwegen zurück. Etwas Phantastisches, Poetisches, Irrationales und Unplanbares scheint in jeder wahren Liebesgeschichte zu stecken.

Der Poetenmantel

Der Liebende, so wird erklärt, hüllt sich in einen Poetenmantel, indem er liebt. Die Liebe ist geradezu der Poetenmantel, der in der kalten Alltagswelt wärmt und schützt. Indem sich der Liebende diesen Mantel umschlägt, verwandelt er die Welt »in ein Arkadien warmen Glücks. […] Das Einhüllen in den wärmenden Mantel ist ein treffendes Bild für das Poetisieren der Welt«[15].

Die poetisierte Erzählung des Taugenichts. Am Ende der Erzählung wird der Taugenichts gefragt, ob er »noch keinen Roman gelesen« (97) habe. Als er verneint, erklärt man ihm, dass er in einem Roman »mitgespielt« (97) habe, und man erklärt, was »einem wohlerzognen Roman gebührt: Entdeckung, Reue, Versöhnung, […] und übermorgen ist Hochzeit!« (98). Was tatsächlich erlebt wurde, wird also als Roman gedeutet. Dichtung und Wirklichkeit werden so in eine enge Beziehung gebracht.

»Romantisieren« der Welt

Der Autor Eichendorff folgt damit einem Postulat, das Novalis aufgestellt hatte: »Die Welt muß romantisiert werden.« Novalis hatte erklärt: »So findet man den ursprünglichen Sinn wieder […]. Indem ich dem Gemeinen einen hohen Sinn, dem Gewöhnlichen ein geheimnisvolles Aussehen, dem Bekannten die Würde des Unbekannten, dem Endlichen einen unendlichen Schein gebe, romantisiere ich es.«[16] Wenn der Autor Eichendorff seinen Taugenichts erzählen lässt, so verlangt er ihm also nicht eine landeskundlich bestimmte Reisebeschreibung ab und auch nicht eine sozial anerkannte und ökonomisch fundierte Ehegeschichte, sondern er lässt ihn von dem Sinn des Reisens und von dem Geheimnis wahrer Liebe Kunde geben, ohne dass er sich dieses Auftrags bewusst ist.

Poesie und Phantasie

Man mag dem Taugenichts glauben, dass er noch keinen Roman gelesen hat. Dagegen kann man ihm nachweisen, dass er im Bereich der Poesie nicht nur bewandert, sondern im wahrsten Sinne zu Hause ist. Er kennt die Geschichte von der schönen Magelone und nutzt sie als Deutungsmuster für das, was er erlebt und wünscht. Als er verfolgt wird, fallen ihm »alle Mordgeschichten ein, die ich in meinem Leben gehört hatte, von Hexen und Räubern, welche Menschen abschlachteten, um ihre Herzen zu fressen« (57). Solange es ihm auf dem Schloss in Italien gut geht, fühlt er sich »wie ein verwunschener Prinz«, der nur »Tischchen deck Dich!« (53) zu sagen braucht, wenn er einen Wunsch hat. Offensichtlich haben die Geschichten, die ihm seine »verstorbene Mutter von wilden Wäldern und martialischen Räubern erzählte«, die Phantasie beflügelt und den Wunsch geweckt, »eine solche Geschichte selbst zu erleben« (35). Auch über Rom hat er »als Kind viele wundersame Geschichten gehört« (60), die sich ihm zu einem Bild zusammenfügen, das er abruft, als er in die Nähe der ewigen Stadt kommt. Dieses Bild ist so kräftig, dass es seine Wahrnehmung bestimmt und er, als er auf die Stadt sieht, den Eindruck hat, »als ständen wirklich die Engel in goldenen Gewändern auf den Zinnen und sängen durch die stille Nacht herüber« (61).

Poesie ist in der Lage, die Wirklichkeit zu überhöhen. Ein einfaches Beispiel ist dafür, wie die Mädchen aus dem Dorf einen Kreis um den Taugenichts schließen und ihm das Lied »aus dem Freischützen« (94) darbringen, das die Verlobungsszene einleitet. Eine Überhöhung der Wirklichkeit versuchen auch die Maler in Rom, die das, was sie gesehen haben, »hinterdrein abzumalen« (64) versuchen oder Kunstwerke in ein lebendes Bild verwandeln (71). Den höchsten Grad der Poetisierung dürfte der Erzähler dort erreichen, wo er den wandernden Taugenichts Lieder singen oder hören lässt. Diese Lieder, die zunächst volksliedhaft einfach klingen und als zufälliges Beiwerk abgetan oder als Dokumente einer angenommenen »Nationalseele« (13) missverstanden werden könnten, enthalten, genauer betrachtet, wichtige Botschaften. Dies gilt, wie bereits gesagt, vor allem für das Eröffnungslied »Wem Gott will rechte Gunst erweisen« (6, 26); als Variation des gleichen Themas ist das Studentenlied »Nach Süden nun sich lenken« aufzufassen; zwei Lieder – »Wohin ich geh' und schaue« (9, 13f.) und »Wer in die Fremde will wandern« (54f.) – handeln von der sehnenden Liebe; das Lied, das der Taugenichts zuerst in Italien hört und dann bei der Rückkehr im Garten des Schlosses (93) wiedererkennt, thematisiert schließlich die Bedingungen und Möglichkeiten der Poetisierung selbst: Erst wenn der Mensch sich zurücknimmt, wenn er schweigt, wird er das Wunderbare vernehmen, das »die Erde« mitzuteilen hat. Dann wird er merken, dass jenseits dessen, was ihm »bewusst« ist, Mächte und Kräfte sind, die »leise Schauer« (43, 93) wecken mögen. In Liedern und in poetischer Gestaltung werden »alte Zeiten, linde Trauer« (43, 93) gegenwärtig und nachvollziehbar. Die Poesie bietet die Möglichkeit, ur-

Die Lieder

sprüngliche Gegebenheiten von Welt, Natur und Leben nach- und wiederzuempfinden.

»Philister« und »Studenten«. Der Poetenmantel ist ein umstrittenes Kleidungsstück. Der Lobrede, die der junge Graf hält, stehen andere Stellungnahmen entgegen.

Die Philister-Predigt

Am deutlichsten fällt die »Predigt« (8) des Gärtners aus, die Anweisungen enthält, wie der angepredigte Taugenichts »nur fein nüchtern und arbeitsam sein, nicht in der Welt herumvagieren, keine brotlosen Künste und unnützes Zeug treiben solle, da könnt ich es mit der Zeit auch einmal zu etwas Rechtem bringen« (8). Diese Rede fasst in Kurzform das Lebenskonzept zusammen, das dem des Taugenichts entgegengesetzt ist und von dessen Prinzipien her der Müllerssohn zum Taugenichts erklärt wird. Ziel dieser Lebensauffassung ist, es »zu etwas Rechtem [zu] bringen« (8). Gemeint sind Haus, einträgliche Stellung, Familie. Arbeit, Ordnungssinn, ausgedrückt in den bürgerlichen Tugenden Fleiß, Sparsamkeit, Zuverlässigkeit, sind Lebensgrundlage. Von Glück ist hier nicht die Rede; vor Reisen in die weite Welt wird gewarnt; Künste gelten als brotlos; Blumensträuße zu binden und zu offerieren dürfte in die Kategorie »unnützes Zeug« fallen.

Sehr deutlich setzt sich der Ich-Erzähler von diesem Konzept ab. So »hübsche, gutgesetzte, nützliche Lehren« (8) kann er nur in ironischer Distanz aufzählen. Er selbst hält möglichst Abstand von den Vertretern dieser Art, zu denen außer dem Gärtner auch der Portier und der »Herr in Staatskleidern« (7) mit »einer außerordentlich langen gebognen kurfürstlichen Nase im Gesicht« (7f.) und eben auch sein Vater, der Müller, gehören. Sie alle sind für ihn, zusammengefasst, Philister, eine Menschenart, für die die Romantiker nur Spott und Verachtung übrig hatten.

Student-Sein

Gerade die, die in den Augen der Philister Taugenichtse sind, haben nach Ansicht der Romantiker den Sinn des Lebens begriffen. Zu ihnen gehören »die Herrn Studenten«, die »auf ihren Instrumenten« spielen und wandernd »die Hüt' im Morgenstrahl« (90) schwenken. Zu ihnen gehören auch die Künstler und Musikanten. Vor allem aber ist es der sogenannte Taugenichts, der in seinem Denken und Handeln ein Beispiel solcher Lebensart abgibt.

»Philister-Sein« und »Student-Sein« scheinen sich ausschließende Gegensätze zu sein. Doch ist der Mensch weder zum einen noch zum andern geboren. Er durchläuft unterschiedliche Lebensstadien und muss seine Lebenskonzeption selbst finden und verantworten.

Krisen

Der Taugenichts, der gerade der väterlichen Ordnungswelt entlaufen ist, sitzt bald vor seinem Einnehmerhäuschen »in Schlafrock und Schlafmütze«, den Attributen des Philisters, und raucht »Tabak aus dem längsten Rohre« (15). Er befreit sich hier aus der Gefahr, zum Philister zu werden, und flieht nach Italien. Einer weiteren bedrohlichen Situation – »ich konnte da mein Glück machen« (34) – entgeht er unterwegs. Und doch merkt er, dass die, denen »die ganze Welt [...] offen« steht, häufig »ganz verlassen« (84) sind. Er, der es als Lebenserfüllung ansieht, in die weite Welt zu wandern, stellt zugleich melancholisch fest: »Jeder hat sein Plätzchen auf der Erde ausgesteckt, hat seinen warmen Ofen, seine Tasse Kaffee, seine Frau, sein Glas Wein zu Abend, und ist so recht zufrieden [...]. – Mir ist's nirgends recht« (22). Als er so zu sich spricht, hat er die Hauptstrecke seiner Wanderung und die meisten Komplikationen noch vor sich. Aber am Ende findet er doch sein Plätzchen und seine Frau.

Es wird im Laufe der Erzählung deutlich, dass der Hauptgegensatz zwischen dem Philister und dem Studenten nicht darin besteht, dass der eine »zu Hause« bleibt und der andere »in die weite Welt« (6) geht. Ein wichtigerer Gegensatz besteht darin, dass der Philister im Alltag befangen bleibt, dass dagegen alle, die unter dem Leitwort Student zusammengefasst werden, Sinn für die »Wunder« (6) der Schöpfung und für die Möglichkeiten der Poesie haben. Als Studenten dürfen sich Maler, Dichter, Sänger – eben alle wahren Künstler ansehen.

Wahre Künstler und »vazierende Genies«. Kunst soll Ausdruck menschlicher Freiheit sein, zweckfrei und nicht auf Nutzen ausgerichtet. Beispielhaft verhält sich der Taugenichts unterwegs: »Ich befahl mich daher Gottes Führung, zog meine Violine hervor und spielte alle meine liebsten Stücke durch, dass es recht fröhlich in dem einsamen Walde erklang« (30). Von Gott geleitet und Gott zu Ehren musiziert er auf seinem Instrument. Er ist nicht auf Verdienst aus und nicht von einem Publikum abhängig. Da er im Einklang mit sich und seinem Schöpfer ist, klingt fröhlich, was er spielt. Kunst ist ein Ausdruck von Lebens- und Daseinsfreude.

Der wahre Künstler

Aber nicht alles, was sich Kunst nennt, entspricht diesen Vorstellungen. Während der junge deutsche Maler, dem der Taugenichts in Rom Modell für den Hirten des Weihnachtsbildes steht, als Künstler anerkannt wird, distanziert sich der Erzähler von Herrn Eckbrecht, dem anderen Maler.

Dieser hält sich für ein Genie und stuft auch den Taugenichts als »vazierendes Genie« (76) ein. Die verworrenen Reden stören in gleicher Weise wie die pathetische Aussage: »[...] du und ich und die Sonne, wir sind heute früh zusammen aufgegangen« (76). Vor solchen Überheblichkeiten graust es dem bescheidener denkenden Taugenichts und er setzt sich ab.

»Vazierende Genies«

Dagegen fühlt er sich unter den musizierenden Studenten wohl. »Oboe«, »Klarinett« und »Waldhorn« (81) passen als Begleitinstrumente zu seiner Geige. Auch in dem Wunsch, die Welt kennen zu lernen, stimmen sie überein. Und doch besteht ein gradueller Unterschied: Die Studenten reisen aus Not über Land; sie sind darauf angewiesen, dass ihnen die Bauern, die Kleriker oder die höheren Herrschaften ein »Viatikum« (81), d.h. »Geld oder Essen« (82), geben. Daran ist nichts Verwerfliches; doch hebt sich der Taugenichts insofern von ihnen ab, als er für sein Spiel eben kein Geld will, sondern eine »Stampe Wein« (32). – Er will anerkannt und geehrt sein, wie Könige Sänger ehren und lohnen. Während für die Studenten die Gefahr besteht, ihre Ferien, die »Vakanz« (82) auszudehnen, weiterhin herumzuvagabundieren und eben doch zu vazierenden Genies zu werden, treibt es den Taugenichts zu seiner Geliebten. Er trägt – unsichtbar – den Poetenmantel, der den Studenten fehlt. Dieser Poetenmantel scheint ihn vor dieser Gefahr zu bewahren und verhilft ihm dahin zu gelangen, wo er sein Glück findet.

Versuchungen und Gefahren und deren Überwindung. Die Entscheidung, »den lieben Gott [...] walten« (6) zu lassen, bewahrt den Taugenichts nicht davor, in kritische Si-

Ängste

tuationen zu geraten. Mehrfach wird es dem Taugenichts »ordentlich grauslich« (46). Das geschieht zunächst, als er, von den angeblichen Malern verlassen, von einem Postillon durch das Gebirge kutschiert wird und ihm zu Mute ist, »als führen wir in ein großes Grabgewölbe hinein« (47). Die aus der Ferne rufenden »Käuzchen« (47) verstärken die Ängste. »Ganz grauslich« wird ihm auch, als er auf der Flucht aus dem italienischen Schloss von dem Studenten verfolgt wird, von dem er annimmt, »daß er verrückt« sei (59). Eine bedeutend ernstere Gefahr droht ihm, bevor er nach Rom kommt. Er hat auf der letzten Strecke eine »einsame Heide« zu überwinden, auf der es still ist »wie im Grabe« (61). Auch hier schwirren »Nachtvögel« (61) herum und verbreiten Ahnungen von Tod und Vergänglichkeit. Bedrohlich wirkt auch die »Einsamkeit« (61), deren sich der Taugenichts bewusst wird. Die größte Angst geht jedoch von der Sage aus, »dass hier eine uralte Stadt und die Frau Venus begraben« liegen und dass »die alten Heiden zuweilen noch aus ihren Gräbern heraufsteigen und bei stiller Nacht über die Heide gehn und die Wanderer verwirren« (61). Wie der Taugenichts an das Walten göttlicher Mächte glaubt, so fühlt er sich auch bedroht von den unterirdischen Mächten der Nacht, in denen sich für ihn das Böse verkörpert. Nur im festen Blick auf die Stadt, auf deren Zinnen er Engel zu sehen glaubt, überwindet er die gefährliche Strecke. Er lässt sich nicht »anfechten« und geht »immer grade fort« (61). Sein Gottvertrauen bleibt unerschütterlich: gerade in kritischen Situationen befiehlt er seine »Seele dem lieben Gott« (60) und er ist sicher, dass dieser hilft.

Frau Venus und »die alten Heiden«

Glück haben

»Sein Glück machen«. Vom Glück ist in Eichendorffs Novelle öfter die Rede: »auf gut Glück« (36) ziehen der Taugenichts und die Reiter in die Nacht hinaus, ohne den Weg zu kennen, und kommen doch gut an; sie trinken: »Auf eine glückliche Ankunft!« (39); später erkennt der Taugenichts, dass am gesuchten Haus »zum Glück« (74) eine Laterne brennt, so dass er sich orientieren kann. In all diesen Fällen werden günstige Umstände gepriesen, die man nicht selbst herbeiführen kann, die vielmehr auf Zufall beruhen oder von einer höheren Macht eingerichtet wurden.

»Sein Glück machen«

Wenn der Taugenichts sich am Anfang eines neuen Lebensabschnitts von seinem Vater abwendet, um sein »Glück zu machen« (5), so geht die Initiative von ihm selbst aus. Er geht los, um Lebensbedingungen zu suchen oder zu schaffen, die seinen Vorstellungen entsprechen. Sie müssten ganz anders gestaltet sein als die in der Mühle. Die Gedanken dürften sich auf Muße statt Arbeit, auf Freiheit statt Pflicht und auf unbekümmertes Leben statt Sorge richten. Dazu gehören noch unbeschränkte Freizeit, materieller Wohlstand und andauernde Heiterkeit.

Auf der ersten Station, in der Schloss-Gesellschaft, trifft er solche Umstände nicht an. In dem Augenblick, in dem er als Gärtnerbursche angestellt wird, vergleicht er sich mit einem »Vogel, dem die Flügel begossen worden sind« (8). Immerhin ist er »Gott sei Dank, im Brote« (8). Von Glück ist vorläufig jedoch nicht die Rede. Nicht die Beförderung zum Zolleinnehmer, sondern die Liebe zu der »schönen Frau« bedeutet für ihn »ein plötzliches Glück« (16), das sich ihm aber als wechselhaft und launisch erweist. Er glaubt, »in den Ruinen [s]eines Glücks« (25) zu sitzen, als er meint schließen zu müssen, dass er keine Chance habe, von seiner Angebeteten beachtet zu werden. Die Flucht aus dem vermeintlichen Unglück treibt ihn weiter in die Welt hinaus. Zweimal scheinen sich nun Gelegenheiten zu bieten, das große Glück zu machen. Als ihm das Mädchen in dem Dorf, in dem er so erfolgreich aufgespielt hat, Wein und später eine Rose schenkt und beiläufig erwähnt, dass ihr Vater »sehr reich« (33) sei, bemerkt er: »[...] ich konnte da mein Glück machen, eh man die Hand umkehrte« (34). Doch die Gedanken an »die gnädige Frau« (35) und die plötzlich auftauchenden Reiter unterbinden weitere Überlegungen. Auch die Verlockungen der römischen Gräfin sind eindeutig. Von ihrem Standpunkt aus betrachtet, hat die Kammerjungfer sicher Recht, wenn sie dem Taugenichts vorhält: »[...] du trittst dein Glück ordentlich mit Füßen« (79). Bei der Gräfin könnte der Taugenichts alles haben, was aus der Sicht der Kammerjungfer für einen jungen Mann als wünschenswert erscheint.

Doch die Vorstellungen und das Empfinden des Taugenichts haben sich längst gewandelt. Seit jenem Tag, als er glaubte, dass seine Geliebte von ihm einen Blumenstrauß erbeten habe, also glaubte, schließen zu dürfen, dass seine Liebe bemerkt und möglicherweise erwidert würde, hat das Wort Glück für ihn einen anderen Inhalt bekommen. Wenn er sich erinnert: »Ach, ich war so glücklich!« (21), so hat er entdeckt, dass glücklich zu sein etwas anderes meint als Glück zu haben. Lieben und zugleich geliebt werden macht jenen Zustand aus, der jetzt mit »glücklich sein« umschrieben wird. Genau an diesen kurzen Augenblick wird sich der Taugenichts während seiner Flucht-Reise erinnern; nämlich an »die schöne alte Zeit«, als er »so glückselig war« (62), und an jenen »glückseligen Sonnabend« (72), an dem er glaubte, von seiner Geliebten eine Flasche Wein erhalten zu haben. Solange er die Missverständnisse nicht durchschaut und solange ihm nicht bewusst ist, dass eine höhere Macht ihn lenkt und er beschützt und gewärmt wird durch einen »Poetenmantel«, solange denkt er in Melancholie an jene Zeit. Alles aber wird aufgelöst durch die Rede des jungen Grafen und den letztgültigen Appell: »[...] liebt euch wie die Kaninchen und seid glücklich!« (95).

Damit kann eine neue Lebensphase beginnen. Die Suche nach dem Glück kann als abgeschlossen gelten. Vorläufig, so lautet der Schluss, »war alles, alles gut!« (101). Wie dieser Zustand, glücklich zu sein, in einem gemeinsamen Leben zu halten ist, bleibt eine offene Frage. Gerne wüsste man, ob der Erzähler mit dem »Ach« in seinem Ausruf »Ach, ich war so glücklich« (21), andeutet, dass sich seine Lebenssituation schon wieder geändert hat. Über seine konkrete Erzählsituation lässt er den Leser im Unklaren. Hat er möglicherweise erfahren, was Glück ist, dieses aber wieder verloren? Erzählt er, wie sein Glück anfing – froh, weil es anhielt, oder resignativ, weil es vergangen ist?

Textsorte Novelle? Literarische Gattungs- und Artbegriffe haben die Aufgabe, eine gewisse Ordnung in die Mannigfaltigkeit der Literatur zu bringen und dem Leser des einzelnen Werks eine Vorinformation über das zu geben, was ihn erwartet. Es zeigt sich jedoch, dass solche Klassifizierungen selten unumstritten sind. Trotzdem sind sie sinnvoll, um den Blick für das Individuelle des einzelnen Textes zu schärfen und gleichzeitig zu erkennen, was er mit anderen gemeinsam hat.

Die Geschichte vom Taugenichts wird von einem fiktiven Ich-Erzähler dargeboten, der aus dem Rückblick über eine wichtige Epoche seines Lebens in der Art einer Biographie – nämlich in Prosaform – berichtet, ohne dass klar wird, für wen er das tut. Alle diese Merkmale rechtfertigen, das Werk der Epik zuzuordnen, obwohl die eingestreuten Lieder der Lyrik angehören und obwohl die Struktur der Erzählung Züge eines Dramas aufweist.

Am Ende der abenteuerlichen Reise wird dem Taugenichts bedeutet, dass er in einem »Roman« »mitgespielt« (97) habe. Das könnte zu dem Schluss verleiten, die erzählte Geschichte für einen Abenteuer-, einen Entwicklungs- oder einen Liebesroman zu halten. Eine Reihe von Motiven – Flucht von zu Hause, Verkleidungen und Verwechslungen, Missverständnisse und deren Auflösung, Reisen in ferne Länder – sind wie im *Taugenichts* auch in anderen romantischen Romanen zu finden. Doch ist der Roman eine Großform der Epik; und die erwartete Größe erreicht der *Taugenichts* weder der Seitenzahl nach noch in Bezug auf die dargestellte Handlung, die nicht einmal ein Kalenderjahr an erzählter Zeit bietet.

So spricht alles dafür, die Typenbezeichnung »Novelle«, die der Autor selbst bei der Erstveröffentlichung angebracht hat, zu übernehmen. Doch auch hier gibt es Einwände. Bezieht man nämlich Eichendorffs Text auf die berühmte Definition Goethes – »denn was ist eine Novelle anders als eine sich ereignete unerhörte Begebenheit«[17] –, so findet man mehr Merkmale, die zu der Erklärung nicht passen als solche, die ihr entsprechen. Goethes Satz hat jedoch keineswegs kanonische Geltung. Romantiker wie Friedrich Schlegel und Ludwig Tieck haben unter Hinweis auf die Novellen des Italieners Boccaccio und des Spaniers Cervantes eigene Merkmalbeschreibungen für das vorgelegt, was eine Novel-

»Novelle«

le ausmacht. So hält Schlegel die »Novelle« für »sehr geeignet, eine subjektive Stimmung und Ansicht [...] indirekt und gleichsam sinnbildlich darzustellen«[18]. Eine solche Ansicht könnte die Antwort auf die Frage sein, was das rechte Glück sei.

Ludwig Tieck sagt über die Novelle: »Bizarr, eigensinnig, phantastisch, leicht witzig, geschwätzig und sich ganz in Darstellung auch von Nebensachen verlierend, tragisch wie komisch, tiefsinnig und neckisch, alle diese Farben und Charaktere lässt die ächte Novelle zu, nur wird sie immer jenen sonderbaren auffallenden Wendepunkt haben, der sie von allen anderen Gattungen der Erzählung unterscheidet.«[19] Vieles von dem wird man in Eichendorffs Novelle finden. In der Umkehr des Taugenichts in Rom den Wendepunkt der ganzen Geschichte zu erkennen dürfte nicht schwer sein.

Und doch ist gefragt worden, ob der Text von Eichendorff nicht viel mehr reines Phantasieprodukt als gestaltete Begebenheit sei, also mehr Märchen als Geschichte. An Kompromissformeln wurde vorgeschlagen: »novellistische Erzählung in Gestalt eines Glücksmärchens oder [...] ein Glücksmärchen in der Gestalt einer novellistischen Erzählung«[20]; oder – kürzer – »Märchennovelle«[21]. Verbindlich sind auch diese Formeln nicht; aber sie können zur Diskussion anregen.

7. Der Autor und seine Zeit

Herkunft

Auf Schloss Lubowitz bei Ratibor in Oberschlesien wird am 10. März 1788 – also ein Jahr vor der Französischen Revolution – als zweiter Sohn seiner Eltern Joseph Karl Benedikt Freiherr von Eichendorff geboren. Er gehört somit durch seine Geburt dem schlesischen Landadel an. Die Vorfahren der ursprünglich weit verzweigten Familie hatten ihre Sitze bis zum Dreißigjährigen Krieg in der Umgebung von Magdeburg und in der Mark Brandenburg – zum Teil unter dem Namen Ykendorp – und wandten sich in der Folge nach Schlesien und Mähren. Schlesien, das in seiner wechselvollen Geschichte schon unter polnischem und böhmischem Einfluss gestanden und seit 1526 dem Reich der Habsburger angehört hatte, die vor allem die katholische Sache vertraten, war 1740 von dem jungen Preußen-König Friedrich II. erobert worden, der seine Eroberung in zwei weiteren schlesischen Kriegen 1742 und 1756–63 behauptete. Adolf Rudolf von Eichendorff, der Vater des Dichters, 1756 in der Nähe von Lubowitz geboren, war Offizier im Heer des preußischen Königs, nahm aber 1784 seinen Abschied und vermählte sich mit Karoline von Kloch, Tochter des Majors Karl Wentzel von Kloch auf Lubowitz und Radschau.

Joseph von Eichendorff wächst also in einer Umgebung auf, die über Jahrhunderte habsburgisch geprägt wurde, die leuchtende Zeichen des Barockzeitalters aufwies, die geistig auf Wien und Prag ausgerichtet war, in der sich ebenso viele Leute in Polnisch wie in Deutsch verständigten – auch der Dichter sprach Polnisch wie eine zweite Muttersprache –, die nun aber preußisch regiert und verwaltet wurde.

Joseph von Eichendorff
Porträt von Eduard Eichens, 1841

Zusammen mit seinem zwei Jahre älteren Bruder erlebt er in der Abgeschiedenheit der Familiengüter eine glückliche Kindheit in einem katholischen, aber nicht übertrieben strengen Haus, in dem man Raum und Zeit für Feste und Verständnis für phantasievolle Streiche hat. Schloss Lubowitz bleibt auch dann Heimat und Fluchtpunkt, als die Brüder 1801 in das Matthias-Gymnasium in Breslau eintreten und dort im St. Josephs-Konvikt wohnen, und auch später noch, als sie zwischen 1805 und 1808 zunächst in Halle, dann in Heidelberg studieren. Halle ist zu der Zeit ein Treffpunkt der jungen Romantiker. In Heidelberg treffen die Brüder später mit Achim von Arnim und den Geschwistern Brentano zusammen und hören beeindruckende Vorlesungen über Philosophie und Ästhetik bei Joseph Görres. Sowohl der Harz wie auch die Rheingegend hatte Gelegenheit zu einprägsamen Wanderungen gegeben. Als sie nach Abschluss ihrer Studien und nach einer bei jungen Adligen der Zeit üblichen Bildungsreise nach Lubowitz zurückkehren, sollen sie den Vater als Ökonomen unterstützen und die in wirtschaftliche Bedrängnis geratenen Güter retten helfen.

Studium

Schon lange war deutlich geworden, dass der Traum des Vaters von einem gesicherten reichen Familienbesitz bedroht war. Die napoleonischen Kriege, in deren Verlauf Preußen 1806 bei Jena und Auerstedt vernichtend geschlagen wurde, hatten Auswirkungen bis Schlesien. Kriegslasten und schlechte Geschäftsführung sind Ursachen für den langsamen Niedergang. Zwar wird es noch eine Zeit dauern, bis die Güter in Lubowitz 1823, in Radoschau 1824 und in Slawikau 1831 versteigert werden, doch ist schon 1810 klar, dass sich die Brüder Eichendorff nicht auf ein

Verschuldung des Familienbesitzes

Erbe verlassen dürfen, sondern einen »Brotberuf« anstreben müssen. Eine Möglichkeit, die Situation zu retten, hätte darin bestehen können, »reich zu heiraten«. Es hätte für den jüngeren Sohn der Eichendorffs eine solche Möglichkeit gegeben, zu der vor allem die Mutter drängte; doch Joseph von Eichendorff verliebt sich 1809 in die vier Jahre jüngere Aloysia Anna Victoria von Larisch und bleibt ihr entgegen allen Widrigkeiten treu. Sie wird vorgestellt als »schön, geistreich, lebhaft und frohgelaunt«[22], aber unbegütert, arm. Das führt zum Konflikt mit den Eltern; trotzdem lassen sich die beiden – in Abwesenheit der Eltern – am 7. April 1815 in der Breslauer Vinzenzkirche trauen. Sie führen eine lebenslange, 40 Jahre währende, glückliche Ehe.

Ehe mit Aloysia Anna Victoria von Larisch

Für Adlige der damaligen Zeit war es nicht üblich, die Studien mit einem Examen abzuschließen. Als die Brüder Eichendorff eine Berufsstellung anstreben, müssen sie Universitätsprüfungen nachholen. Sie gehen nach Wien und bereiten sich unter äußerst beengten finanziellen Bedingungen auf die Referendarprüfung vor, die sich fast ein Jahr hinzieht und die sie 1812 mit Auszeichnung bestehen. Wilhelm, der ältere Bruder, erhält etwas später als Jurist eine Stelle in Innsbruck, später in Trient und blieb in österreichischen Diensten. Damit trennen sich die Wege der Brüder. Joseph von Eichendorff hält es für seine Pflicht, sich dem Befreiungsheer gegen Napoleon anzuschließen, und ist von Frühjahr 1813 bis zum Januar 1816 Soldat, »mehr von Seuchengefahr als von Kriegsgefahr bedroht«.[23]

Schon während der Kriegszeit bemüht er sich um eine Stelle. Doch alle Bemühungen schlagen fehl: Sofort nach dem Examen versucht er als Jurist eine Anstellung in Österreich zu erhalten; dann hofft er auf eine Anstellung als Geschichtslehrer in einem Erziehungsinstitut; er bittet Freunde, ihn bei den Diplomaten des Wiener Kongresses zu empfehlen; später bemüht er sich um eine Stelle im bayerischen Staatsdienst. Doch nichts gerät nach Wunsch. So entschließt er sich 1816, inzwischen verheiratet und Vater eines Sohnes, in den preußischen Verwaltungsdienst einzutreten. Er wird Referendar in Breslau, muss aber noch eine Eignungsprüfung ablegen, da die Wiener Examina nicht anerkannt werden. Er besteht 1819 die Assessor-Prüfung in Berlin und wird für geeignet gehalten »zur Verwaltung einer Ratsstelle bei einem Regierungs-Collegio«[24]. Als Katholik hat er im preußischen Staat kaum Aufstiegschancen: Er wird ein Leben lang Regierungsrat bleiben – zuerst in Danzig, dann in Königsberg, schließlich im Kultusministerium in Berlin. Häufig ist er krank und bittet wiederholt um seine Pensionierung; er erhält sie zum 1. Juli 1844; da ist er 56 Jahre alt. Er stirbt am 26. November 1857 im oberschlesischen Neiße im Haus seiner Tochter, zwei Jahre nach dem Tod seiner Frau.

Eintritt in den Staatsdienst

Tod

Die Umwälzungen der Zeit waren wohl letzten Endes Ursache dafür, dass sich bei diesem bedeutenden Dichter der Spätromantik so viele ursprünglich berechtigte Hoffnungen und Lebenserwartungen zerschlugen. Trotz aller Enttäuschungen ist die Dichtung Eichendorffs frei von Pessimismus und revolutionärem Aufbegehren. Im Gegenteil: Kunst und Literatur bilden einen Pol der Freiheit als Gegenpol zu der Welt der Sorge und der menschlichen Beschränkungen. Nicht unbedingt zur Freude der Eltern, die sowohl Josephs Neigung zur Poesie wie auch Wilhelms Bemühungen in der Musik für unstandesgemäß hielten, schreibt er als Zehnjähriger bereits ein Drama, als Sech-

Werk

zehnjähriger in der *Zeitschrift für Wissenschaft und Kunst* unter dem Pseudonym Florens 1808 Gedichte, sucht in Halle und Berlin, besonders intensiv in Heidelberg Kontakt zu den führenden Literaten seiner Zeit und schreibt zeitgleich mit seinen Vorbereitungen zum Examen in Wien seinen großen ersten Roman *Ahnung und Gegenwart*, der allerdings erst 1816 erscheint, als die Krisenzeit, die er beschreibt, schon Geschichte ist. Später führt er ein Doppelleben, indem er seine Berufspflichten sachlich korrekt erfüllt und sich daneben eine Einsiedelei aufbaut, geprägt von Familien- und Dichterglück. Der Novelle *Aus dem Leben eines Taugenichts*, 1817 in Breslau begonnen und wahrscheinlich 1823 in Danzig abgeschlossen, merkt man nicht an, dass sie von einem Autor geschrieben wurde, der sich zunächst auf eine preußische Beamtenlaufbahn vorbereitet und dann pflichtmäßig seinen Dienst in einem Kreis von Leuten tut, die er als »Philister«, d.h. als Spießer und Bürokraten innerlich ablehnt.

Hauptwerke

1815 *Ahnung und Gegenwart. Roman.* Der junge Graf Friedrich begibt sich nach Abschluss seiner Studien auf eine Reise, um das Leben kennen zu lernen. Er trifft auf Menschen unterschiedlicher Art, erlebt Abenteuer, nimmt an den Befreiungskriegen teil, geht für eine Zeit ins Kloster. Am Ende kehrt er zu seiner Familie zurück und wendet sich von der großen Welt ab.

1818 *Das Marmorbild. Novelle.* Florio, ein junger Dichter, begegnet auf der Reise nach Lucca dem Sänger Fortunato, der ihn mit den erlösenden, aber auch mit den dämonischen Kräften der Poesie bekannt macht.

1826/37 *Lyriksammlungen.* Die erste Sammelausgabe der Eichendorffschen Gedichte erscheint 1826 als Anhang zu der Veröffentlichung des *Taugenichts* und des *Marmorbilds.* Eine eigene Ausgabe *Gedichte* wird 1837 veröffentlicht. Die Lieder und Gedichte, die vorwiegend von »Trennung« und »Wiederfinden«, von »Heimweh« und »Erinnerung an die schöne alte Zeit« handeln, wurden hauptsächlich durch Vertonungen verbreitet. Allein aus der zweiten Hälfte des 19. Jahrhunderts liegen etwa 5000 Eichendorff-Vertonungen vor.

1833 *Die Freier. Lustspiel in drei Aufzügen.* Graf Leonhard führt nach einer Reihe von Missverständnissen und Verwechslungen Gräfin Adele, die als Männerhasserin galt, zum Traualtar; die Kammerzofe Flora, eine weitere Figur des Verwirrspiels, heiratet den Jäger.

1834 *Dichter und ihre Gesellen.* Roman. Fortunat, der einst in Heidelberg studierte, bewegt Walter, der inzwischen eine Beamten-Stelle hat, ehemalige Freunde zu besuchen. Auf der Reise treffen sie mit jungen Leuten zusammen, die ihre Anlagen auf unterschiedliche Art entwickeln: Der eine geht in der Poesie auf, der andere betrachtet sie als Zeitvertreib; ein weiterer wendet sich völlig ab, heiratet und freut sich seines sicheren Beamtendaseins.

8. Rezeption und Wirkung

Der Taugenichts *im Urteil Hesses und Thomas Manns*

Im *Taugenichts* wurde früh ein »Abbild der romantischen Poesie«[25] gesehen: Das Urteil galt sowohl der Art des novellistischen Erzählens als auch der Welt- und Lebensvorstellung des Titelhelden. In diesem Text, der nach Hermann Hesses Urteil zur Weltliteratur[26] gezählt werden muss, ist, laut Thomas Mann, »eine betörende Essenz der Romantik«[27] enthalten. Mit dieser Einschätzung wird nicht nur eine Epochenzuordnung gegeben, sondern auch eine Lebensauffassung bewertet. Diese wird jedoch nicht von allen geteilt.

Während Thomas Mann im Taugenichts ein »Symbol reiner Menschlichkeit« sieht,[28] wird er von anderen eher als Ausnahmeerscheinung gesehen – »ein gutmüthiger Schwärmer, ein kindlicher Träumer, ein poetischer Hans Ohnesorge«[29]. Aus norddeutsch-preußischem Blickwinkel gibt man zu bedenken, dass »nur ein Oestreicher« solch »ein ewiges Sonntagsleben«[30] führen könne. Als Sonntagskind schätzt man den Taugenichts positiv ein, für den Alltag ist er untauglich. Die Frage, ob der Taugenichts ein Vorbild wahrer Menschlichkeit oder ein Parasit der Gesellschaft ist, zieht sich durch die Zeiten.

Deutsches Gemüt

Ein weiterer Diskussionspunkt ist mit der Behauptung aufgeworfen, dass Eichendorff mit seiner Dichtung »das ächte, deutsche Gemüth«[31] angesprochen habe. Sogar Theodor Fontane sieht im Taugenichts »eine Verkörperung des deutschen Gemüts«[32]; und Thomas Mann setzt das Ausrufezeichen: »[…] wahrhaftig, der deutsche Mensch!«[33] Dabei bezieht man sich auf die Freude des Taugenichts, als er den Maler in Rom »so unverhofft Deutsch sprechen« (66) hört und er mit diesem ein Vivat auf »unser kühlgrünes Deutschland« (68) ausbringt. Doch sagt das nicht mehr, als dass er sich freut, in der Fremde einen Landsmann zu treffen. Bei der Heimkehr ist er genauer und singt »Vivat Östreich« (83), als er die heimatlichen Berge sieht.

Die Rede von dem deutschen Menschen und dem angeblich so deutschen Gemüt ist in Zeiten nationaler Begeisterung und nationalsozialistischer Verirrung besonders gern aufgenommen worden. Man lobte an dem Taugenichts, dass er sich von dem Welschen, also der romanisch bestimmten Kultur abwandte und unverständliche Sprachformen als Kauderwelsch abtat. Den jungen Wandersmann beanspruchten die Führer nationalsozialistischer Jungen für sich. Seine Lieder ließen sie auf Fahrten und Wanderungen singen.

Der Taugenichts *im Nationalsozialismus*

Damit übernahmen sie allerdings nur einen Brauch, den die Wandervogelbewegung am Anfang des 20. Jahrhunderts aufgebracht hatte. Diese Jugendbewegung, die sich gegen die überzogen zivilisierte und technisierte Welt wandte, die den Städten den Rücken kehrte und hinaus in die Natur strebte, hatte den Taugenichts schon vorher als ihr Ideal entdeckt. Der alte Gegensatz wurde aktiviert: Den Bürgern und Philistern, den in die Gesellschaft eingebundenen Vätern und den Erziehern, die zu Arbeitsamkeit und Pflichtbewusstsein aufriefen, wurde der Taugenichts entgegengehalten, der jung und unbekümmert in die Welt zieht und sein Glück macht. Damit wird der Taugenichts zu einer Leitfigur, die bei Bedarf hervorzuholen ist. Aussteiger un-

Der Taugenichts *und die Wandervogelbewegung*

Der Taugenichts, *Flower people, Drop-outs …*

terschiedlicher Art wie die Flower people der sechziger Jahre und die Drop-outs der Achtziger bezogen sich direkt oder indirekt auf den Taugenichts und seine Nachfolger.

… und andere Geistes- und Seelenverwandte

Längst hatten sich Geistes- und Seelenverwandte dem Taugenichts zugesellt. Zu den bekanntesten gehören Peter Camenzind und Knulp von Hermann Hesse und der »liebe Augustin« von Horst Wolfram Geißler. Als entfernte Verwandte dürfen auch die Hauptfiguren in den Romanen *Der Fänger im Roggen* von J. D. Salinger und *Die neuen Leiden des jungen W.* von Ulrich Plenzdorf angesehen werden. Sie haben wie der Taugenichts einst große Sympathien vor allem beim jugendlichen Publikum gefunden. Vorgeworfen wird all »diesen romantisierenden Vagabundenbüchern«, dass sie völlig unkritisch »ein vages, verschwommenes, leicht erotisiertes, aber liebenswürdiges Lebenspathos« verkünden, »mit dem sich sogar der Geringste und Ungebildetste identifizieren konnte«[34]. Dieses Urteil darf durchaus als Provokation verstanden werden, die zur Diskussion herausfordert: Sind die genannten Romane – mit Einschluss des *Taugenichts* – tatsächlich nur »Antibildungs- oder Antientwicklungsromane«[35], aus denen nichts zu lernen ist?

Ob bei der Auseinandersetzung die Nach- und Weiterdichtungen der Eichendorffschen Novelle helfen, ist fraglich. Weder der Ballettentwurf, den Hugo von Hofmannsthal dem Novellentext nachgestaltete,[36] noch der »Jahresroman« *Aus dem Leben eines Taugenichts,* den Günter

Verfilmungen

Bruno Fuchs »Seiner Exzellenz Joseph Freiherrn von Eichendorff in aufrechter Verbeugung«[37] widmete, noch die drei Verfilmungen[38], die der Text erfuhr, können die Diskussion erheblich weiterbringen. Sogar der zuletzt, nämlich 1977, gedrehte Film, von dem es 1989 hieß, dass er »als niveauvolle und fruchtbare Auseinandersetzung mit dem Novellentext ernst genommen werden«[39] müsse, scheint veraltet. Das, was 1977 beanspruchen konnte, aktuell zu sein, wirkt überholt. Der Film kann nicht mehr zur produktiven Auseinandersetzung mit dem Text herangezogen werden, da er die Kritik ganz auf sich selbst zieht und die Ursprünge vergessen lässt.

Eichendorff heute

Wenn Dichter über Dichter schreiben, so machen sie zugleich Aussagen über sich und den andern, über die literarische Situation der eigenen und der früheren Zeit, zugleich aber über die Möglichkeiten, die in jeglicher Poesie enthalten sind.

Hans Magnus Enzensberger

Vor dem Techno und danach

Für Andrzej Kopacki

Der Herr v. Eichendorff
hat sich nicht erschossen.
Der Herr v. Eichendorff
kokste nicht, kam ohne Duelle
und ohne Quickies aus.
Der Herr v. Eichendorff
sprach fließend polnisch.
Sein Ehrgeiz hielt sich in Grenzen.
Der Herr v. Eichendorff –

schwache Lunge, Hilfsarbeiter
in preußischen Ministerien,
dreißig Jahre lang –
träumte von Waldhörnern
in seinem Büro, taugte
und taugte nicht,
lebte unauffällig, starb
und hinterließ ein paar Zeilen,
haltbarer als die morschen Ziegel
von Lubowitz, heutigen Tags
Rzeczpopolita Polska,
im tauben Ohr unsrer Kinder:
nur ein paar Zeilen,
die ihnen eines Tages,
wenn sie in Rente gehen,
vielleicht etwas Weiches,
Unbekanntes zu fühlen geben,
das früher Wehmut hieß.

(FAZ 22. 5. 2000)

9. Checkliste

1. Nennen Sie Texte, in denen das Motiv »sein Glück machen« behandelt und gestaltet wird. An welchen Stellen wird im *Taugenichts* vom Glück gesprochen?

2. Beschreiben Sie die wichtigsten Schauplätze der Novelle und weisen Sie sie – soweit möglich – auf einer Europa-Karte nach.

3. Teilen Sie Personen nach ihrem sozialen Stand – Adel, Bürger, Bauern, Handwerker und Abhängige – und nach ihrer Lebenseinstellung – »Philister«, »Studenten« – ein.

4. Charakterisieren Sie die Hauptpersonen, den Taugenichts und Aurelie, und beschreiben Sie deren Beziehungsgeschichte in groben Zügen. Vergleichen Sie damit die Beziehungsgeschichte zwischen Flora und dem jungen Grafen.

5. Wie und wo charakterisiert sich das Erzähler-Ich selbst?

6. Was spricht dafür anzunehmen, dass der Erzähler einen Ausschnitt aus seiner Lebensgeschichte wiedergibt, was spricht dafür, dass er uns einen »Roman« erzählt?

7. Man kann die Novelle *Aus dem Leben eines Taugenichts* als eine erzählte Komödie auffassen. Schon die Bezeichnung des Titelhelden könnte Anlass dazu sein. Bedeutsamer sind andere Elemente, Züge und Motive:

   Verwechslungen und Rollentausch: Flora und der Graf als Guido und Leonhard; der Taugenichts als Bedienter der

Maler und als Ersatzfigur für Flora auf dem italienischen Schloss;

Missverständnisse und Konfusionen, die sich später auflösen: Aurelie als »gnädige Frau«, der Taugenichts als das verfolgte Fräulein Flora; der Taugenichts auf dem gräflichen Schloss;

Zufälle mit Folgen: Des Taugenichts Begegnung mit den vornehmen Damen: sein Zusammentreffen mit »Guido« und »Leonhard«; die Kammerjungfer in Rom; …

Zum Lachen reizende Situationen: Der Taugenichts und die »fatale Fliege«; der Taugenichts und die »Räuber«; der Taugenichts und der »gute lange Student«; …

8. Inwieweit kann der Titelheld als Student, Poet und Künstler, der im Sinne von Novalis befähigt ist, die Welt »romantisieren«?

   Was hat es mit dem »Poetenmantel« auf sich?

   Welche Sagen, Mythen, Erzählungen und Lieder kennt der Taugenichts? Welche Bedeutung haben diese Dichtungen für sein Leben?

   Inwiefern verhält sich der Taugenichts wie ein wahrer Künstler?

   Wie unterscheidet sich der Taugenichts von Herrn Eckbrecht und den Prager Studenten?

   Wie verbinden sich beim Taugenichts Kunst und Religion?

9. Inwiefern kann der *Taugenichts* als Liebesroman eigener Art angesehen werden?

10. Vergleichen Sie die Lebensgeschichte des Joseph Freiherrn von Eichendorff mit dem, was er von seinem Helden erzählen lässt.

    Inwieweit verarbeitet der Autor eigene Lebenserfahrungen?

    Inwieweit gestaltet er eine Wunschwelt?

    In welchen Grundüberzeugungen stimmen Autor und Held überein?

11. Verfassen Sie eine moderne »Taugenichts«-Geschichte, in der Ihr Held die Schule verlassen muss und in der Welt »sein Glück« macht.

10. Lektüretipps

Zum Dichter und zum Gesamtwerk des Autors

So sicher es ist, dass ein literarischer Text aus sich selbst verständlich sein muss, so sicher ist auch, dass man das einzelne Werk besser versteht, wenn man weitere Werke des Autors und seine Lebensumstände kennt.

Für Joseph von Eichendorff liegt eine ältere, gut lesbare und reich bebilderte Biographie in der Reihe *rowohlts monographien* vor:

Paul Stöcklein: Joseph von Eichendorff in Selbstzeugnissen und Bilddokumenten. Reinbek bei Hamburg 1963.

Jetzt ersetzt durch die Biographie auf dem neuesten Forschungsstand von Hermann Korte: Joseph von Eichendorff. Reinbek bei Hamburg 2000.

Eine knappere Lebensbeschreibung, aber zusätzlich Einzelinterpretationen zu den Romanen, Erzählungen und zu einzelnen Gedichten enthält ein Band aus der Reihe *Literaturwissen für Schule und Studium:*

Helmut Bernsmeier: Joseph von Eichendorff. Stuttgart 2000.

Mit großem Lob ist eine neue, umfangreichere, aber knapper illustrierte Lebensdarstellung aufgenommen worden:

Günther Schiwy: Eichendorff. Der Dichter in seiner Zeit. Eine Biographie. München 2000. – Dieses Werk hat im Anhang eine genaue Zeittafel und ein aktuelles Literaturverzeichnis. Zu der Novelle »Aus dem Leben eines Taugenichts« gibt es nur ein knappes Unterkapitel. Dagegen wird man über die Beziehungen Eichendorffs zu den anderen Romantikern reichlich informiert.

Gesamtausgaben der Werke Eichendorffs sind mehrfach in Angriff genommen worden. Seit 1968 wird erneut an einer Historisch-kritischen Ausgabe gearbeitet, die noch nicht abgeschlossen ist. Hohen Ansprüchen genügt aber auch schon eine Ausgabe, die alle Gedichte und alle wichtigen poetischen Werke, aber keine Briefe und keine wissenschaftlichen Abhandlungen Eichendorffs enthält:

Joseph von Eichendorff: Werke in einem Band. Hrsg. von Wolfdietrich Rasch. München: Hanser, 1955.

Da aber Eichendorff vor allem in seinen Novellen und in seinen Gedichten weiterlebt, empfehlen sich zur ergänzenden Lektüre einige Einzelausgaben:

Joseph von Eichendorff: Das Marmorbild. Das Schloss Dürande. Stuttgart: Reclam, 1967 [u. ö.]. (UB 2365.)

Joseph von Eichendorff: Sämtliche Erzählungen. Hrsg. von Hartwig Schultz. Stuttgart: Reclam, 1990 [u. ö.]. (UB 2352.)

Joseph von Eichendorff: Gedichte. Hrsg. von Horst Neumann. Stuttgart: Reclam, 1997 [u. ö.]. (UB 7925.)

Hinweise zum Gesamtwerk

Seit 1970 gibt die Eichendorff-Gesellschaft ein Jahrbuch heraus, das jeweils Abhandlungen zu Werk und Person Eichendorffs, aber auch zu anderen Autoren der Epoche enthält. Dort wird auch über Neuerscheinungen der Primär- und Sekundärliteratur berichtet:

Aurora. Ein romantischer Almanach. Jahrbuch der Eichendorff-Gesellschaft. Würzburg.

Einige der hier erschienenen Beiträge – aber auch einige Originalbeiträge sind zusammengefasst in:

Eichendorff heute. Stimmen der Forschung mit einer Bibliographie. München 1960.

Von der Bedeutung der Tages- und Jahreszeiten ausgehend und von da die Naturauffassung Eichendorffs erschließend, eröffnet eine neuere umfangreiche wissenschaftliche Abhandlung einen Zugang zum Werk des Dichters:

Sabine Karl: Unendliche Frühlingssehnsucht. Die Jahreszeiten in Eichendorffs Werk. Paderborn/München/Wien/Zürich 1996.

Hinweise zur Novelle *Aus dem Leben eines Taugenichts*

Die vorliegende Lektürehilfe bezieht sich auf die Reclam-Ausgabe, die zusätzlich zum Text ein erklärendes Nachwort und einen umfangreichen Anmerkungsteil hat:

Joseph von Eichendorff: Aus dem Leben eines Taugenichts. Novelle. Hrsg. von Hartwig Schultz. Stuttgart: Reclam, 1992 [u. ö.]. (UB 2354.)

Der Herausgeber hat zusätzlich ein eigenes Bändchen *Erläuterungen und Dokumente* zusammengestellt, aus dem unter anderem wichtige Hinweise zur Entstehungs- und Wirkungsgeschichte des Werks zu entnehmen sind:

Hartwig Schultz: Joseph von Eichendorff *Aus dem Leben eines Taugenichts.* Stuttgart: Reclam, 1994 (UB 8198).

Als wissenschaftlich orientierte Interpretationen bieten sich an:

Benno von Wiese: Joseph von Eichendorff: *Aus dem Leben eines Taugenichts.* In: Benno von Wiese: Die deutsche Novelle von Goethe bis Kafka. Interpretationen. Düsseldorf 1956.

Alexander von Bormann: Joseph von Eichendorff: *Aus dem Leben eines Taugenichts* (1826). In: Interpretationen: Erzählungen und Novellen des 19. Jahrhunderts. Bd. 1. Stuttgart 1988 [u. ö.]. (Reclams UB 8413.)

Als Hilfe für die Unterrichtsvorbereitung, also für die Hand des Unterrichtenden, sind konzipiert:

Gesine Jaugey: Stundenblätter *Kleider machen Leute / Taugenichts.* 20 Seiten Beilage. Stuttgart [5]1987. (Klett Stundenblätter.)

Karl Hanß: Das Marmorbild / Aus dem Leben eines Taugenichts. München 1989. (Oldenbourg-Interpretationen. 10.)

Anmerkungen

1 Georg Lukacs, *Deutsche Literatur in zwei Jahrhunderten* (*Werke*, Bd. 7), Neuwied/Berlin 1964, S. 232.
2 Johannes Hoffmeister, *Wörterbuch der philosophischen Begriffe*, Hamburg ²1955, S. 461.
3 Ebenda, S. 444.
4 Ebenda, S. 420.
5 Johann Wolfgang Goethe, *Gedenkausgabe der Werke, Briefe und Gespräche*, hrsg. von Ernst Beutler, Bd. 1, Zürich 1949, S. 112.
6 Der Stricker. Joachim Bumke, *Höfische Kultur. Literatur und Gesellschaft im Mittelalter*, Bd. 2, München 1986, S. 451.
7 Clemens Brentano, *»Der Philister vor, in und nach der Geschichte*, in: *Die deutsche Literatur. Texte und Zeugnisse*, Bd. V, 2: *Sturm und Drang, Klassik, Romantik*, hrsg. von Hans-Egon Hass, München 1966, S. 1394.
8 Erich Bayer, *Wörterbuch zur Geschichte*, Stuttgart 1966, S. 182.
9 Hartwig Schultz, *Erläuterungen und Dokumente, Joseph von Eichendorff, »Aus dem Leben eines Taugenichts«*, Stuttgart 1994, S. 6.
10 Ebenda, S. 47.
11 Ebenda, S. 52.
12 Ebenda, S. 41.
13 Ebenda, S. 52.
14 Ebenda, S. 53.
15 Robert Mülher, »Der Poetenmantel«, in: *Eichendorff heute*, hrsg. von Paul Stöcklein, München 1960, S. 181.
16 Novalis, *Aphorismen*, in: Heizmann/Pelster, *Arbeitsbuch Deutsch. Literaturepochen: Romantik*, München 1986, S. 15.
17 Goethe (Anm. 5), Bd. 24: Johann Peter Eckermann, *Gespräche mit Goethe in den letzten Jahren seines Lebens*, S. 225.
18 Friedrich Schlegel, *Nachricht von den poetischen Werken des Johannes Boccaccio* (1802), in: *Wege der Forschung*, Bd. IV *Novelle*, hrsg. von Josef Kunz, Darmstadt 1973, S. 40.
19 Ludwig Tieck, *Schriften*, Bd. 11, Berlin 1829, in: *Wege der Forschung* (Anm. 18), S. 53.

20 Benno von Wiese, *Die deutsche Novelle von Goethe bis Kafka. Interpretationen,* Düsseldorf 1956, S. 96.
21 Alexander von Bormann, Joseph von Eichendorff, »Aus dem Leben eines Taugenichts«, in: *Interpretationen: Erzählungen und Novellen des 19. Jahrhunderts,* Bd. 1: Stuttgart 1988, S. 343.
22 Zitiert nach: Paul Stöcklein, *Joseph von Eichendorff in Selbstzeugnissen und Bilddokumenten,* Reinbek bei Hamburg 1965 (rowohlts monographien), S. 84.
23 Ebenda, S. 100.
24 Ebenda, S. 7.
25 Zitiert nach: Schultz (Anm. 9), S. 66.
26 Hermann Hesse, zitiert nach: Schultz (Anm. 9), S. 80.
27 Thomas Mann, zitiert nach: Schultz (Anm. 9), S. 75.
28 Thomas Mann, zitiert nach: Schultz (Anm. 9), S. 78.
29 Zitiert nach: Schultz (Anm. 9), S. 65.
30 Ebenda, S. 62.
31 Ebenda, S. 67.
32 Ebenda, S. 68.
33 Ebenda, S. 78.
34 Ebenda, S. 96.
35 Ebenda, S. 97.
36 Ebenda, S. 70.
37 In: Heizmann/Pelster (Anm. 16), S. 145.
38 Schultz (Anm. 9), S. 105 ff.
39 Ebenda, S. 109.

Raum für Notizen